教育部哲学社会科学研究普及读物项目

Popularized Readers of Humanities and Social Science Sponsored by the Ministry of Education

从公司治理到国家治理

From Corporate Governance to National Governance

李维安　徐　建·等著

江苏人民出版社
江苏凤凰美术出版社

图书在版编目(CIP)数据

从公司治理到国家治理/李维安等著. --南京：江苏人民出版社，2018.6

(教育部哲学社会科学研究普及读物)

ISBN 978-7-214-18665-2

Ⅰ.①从… Ⅱ.①李… Ⅲ.①公司-企业管理 ②国家-行政管理-研究-中国 Ⅳ.①F276.6 ②D630.1

中国版本图书馆CIP数据核字(2017)第238388号

书　名	从公司治理到国家治理
著　者	李维安　徐　建　等
责任编辑	卞清波　洪　扬
特约编辑	陈　欣
出版发行	江苏人民出版社 江苏凤凰美术出版社
出版社地址	南京市湖南路1号A楼，邮编：210009
出版社网址	http://www.jspph.com
照　排	江苏凤凰制版有限公司
印　刷	江苏凤凰通达印刷有限公司
开　本	890毫米×1240毫米　1/32
印　张	7.25　插页1
字　数	143千字
版　次	2018年6月第1版　2018年6月第1次印刷
标准书号	ISBN 978-7-214-18665-2
定　价	32.00元

(江苏人民出版社图书凡印装错误可向承印厂调换)

总　序

纵观党的历史，我党始终高度重视实践基础上的理论创新，坚持用理论创新成果武装全党，教育人民，引领前进方向，凝聚奋斗力量。七十多年前，著名的马克思主义哲学家艾思奇撰写的通俗著作《大众哲学》，引领一代又一代有志之士选择了正确的人生道路，影响了中国几代读者。

党的十八大以来，习近平总书记把握时代发展新要求，顺应人民群众新期待，提出了一系列新思想、新观点、新论断、新要求，这些推进理论创新的最新成果用朴实、生动的语言，以讲故事、举事例、摆事实的方式与人民同频共振、凝聚共识，增强了人民群众对中国特色社会主义理论体系的认同感和知晓度，凸显了当代中国马克思主义大众化、群众性的基本特征，成为新时期理论创新大众化的新典范。

高等学校学科齐全、人才密集、研究实力雄厚，是推进马克思主义中国化时代化大众化、普及传播党的理论创新成果的重要阵地。汇聚高校智慧，发挥高校优势，大力开展优秀成果普及推广，切实增强哲学社会科学话语权，是高校繁荣发展哲学社会科学的光荣任务、重大使命。

2012 年，教育部启动实施了哲学社会科学研究普及读物项目。通过组织动员高校一流学者开展哲学社会科学优秀成果普及转化，撰写一批观点正确、品质高端、通俗易懂的科学理论和人文社科知识普及读物，积极推进马克思主义大众化，阐释宣传党的路线方针政策，推广普及哲学社会科学最新理论创新成果，让中国特色社会主义理论体系和党的路线方针政策，更好地为广大群众掌握和实践，转化为推进改革开放和现代化建设的强大精神力量。与一般意义的学术研究和科普类读物相比，教育部设立的普及读物更侧重对党最新理论的宣传阐释，更强调学术创新成果的转化普及，更凸显“大师写小书”的理念，努力产出一批弘扬中国道路、中国精神、中国力量的精品力作。

实现中华民族伟大复兴的中国梦必将伴随着哲学社会科学的繁荣兴盛。我们将以高度的使命感和责任感，坚持学术追求与社会责任相统一，坚持正确方向，紧跟时代步伐，顺应实践要求，不断加快高校哲学社会科学创新体系建设，为不断增强中国特色社会主义道路自信、理论自信、制度自信，推动社会主义文化大发展大繁荣作出更大贡献！

教育部社会科学司
2014 年 4 月 10 日

前 言

当前,“治理”一词频现,从营利性组织的公司治理、金融机构治理、集团治理、跨国公司治理,到非营利组织的大学治理、医院治理、慈善组织治理、社区治理、政府治理,再到国家治理,似乎不谈治理就不时髦。特别是十八届三中全会明确提出推进国家治理体系和治理能力现代化以来,治理普及化的趋势更是日渐明显。为什么会出现这种趋势?主要是由于企业、社会以及整个国家的改革,首先面对的就是主要规则和治理结构的重构,以及由此引发的资源和责权利的配置。由此,在我国全面深化改革的过程中,治理理念和治理理论的引领具有特别重要的意义。

之所以选择《从公司治理到国家治理》这样的题目,主要是其恰与治理实践的演进和我们的研究脉络相呼应。自 20 世纪 90 年代初,伴随企业改革、政府改革及社会组织等改革的推进,我国先后提出要建立现代企业制度、现代政府制度、现代社会组织制度和现代国家制度的改革方向,由此,我国治理改革的路径就是从公司治理到政府治理、社会组织治理,再到国家治理。而我们这些年的研究脉络也与“从公司治理到国家治理”的主题相吻合。我们于 20 世纪 80 年代开始探索股份制理论,并于 20 世纪 90 年代初专注于公司治理研究;2003 年承担的国家自科基金委主任基金应急项目中，率先提出公司治理边界需要拓展到社会组织治理；2005 年主编《非营利组织管理学》，在国内率先提出“非营利组织治理”的概念；2016 年承担国家自然科学基金重点项目“现代社会治理的组织与模式研究”，开始从事社会治理和国家治理等方面的研究。

本书共分六章，首先从治理的本质谈起，总结治理的一般规律、列举常见的治理误区，以推动现代治理理念的普及。在此基础上，基于我国从公司治理到国家治理改革的路径，依次介绍了公司治理、政府治理、社会组织治理的特点、存在问题以及有效性提升等核心内容。而后，进一步阐述了国家治理的产生和发展及其时代意义，以及国家治理能力提升的要义。最后，落脚到中国的治理改革与发展，这里涉及到中国治理改革的路径和结构、如何通过分类治理实现中国治理改革的当前任务、中国治理改革的演进方向以及中国治理发展的新趋势等内容。

本书特别注重可读性，希望对于非专业读者，也能够易于理解和接受。近些年，我们在治理领域的相关研究与教学中发现，治理案例能够加深读者对治理的深入认识，例如最近发生的万科事件，在我们看来就是一次对全民公司治理的普及教育。本书中的“治理案例”和“拓展阅读”等栏目，就是希望通过生动的案例、灵活的语言，向全民普及治理教育。

从公司治理到国家治理，我国的治理改革取得了重大进展。然而仔细审视这些改革内容，也会发现一些改革困境和难点。我们认为深化治理改革过程中的这些困境和难点，多受制于分类治理改革和配套治理改革的滞后，一方面在公司治理、社会组织治理等改革中不同程度地出现了照搬政府治理的简单做法，另一方面仅就某一领域的治理改革而谈治理改革，忽视了其他领域的配套治理改革。寻此逻辑，本书的部分章节特别强调了分类治理改革和配套治理改革的理念，希望对当下公司治理、政府治理、社会组织治理以及国家治理等全方位的系统化改革起到积极的借鉴作用。

十八届五中全会首次提出包括“绿色”在内的五大发展理念，表明绿色理念将引领中国未来的可持续发展，同时绿色治理将成为中国治理发展的新趋势。本书首先向读者阐述了绿色治理提出的背景，然后从内涵、主体和结构等方面向读者介绍了“什么是绿色治理”，最后从治理理念、治理模式和治理路径等方面详述了践行绿色治理的变革举措，以期为普及绿色治理教育建言献策。

本书主要是对我多年来学术观点和教学案例的总结与提炼，由天津财经大学商学院徐建博士、郑州大学商学院任广乾副教授、山东大学经济学院钱先航教授提供初稿，最后由我和徐建博士修改、定稿。在本书写作过程中，我们参阅和借鉴了多位学者的学术成果，在此向这些学者们表示感谢。南开大学中国公司治理研究院武立东教授、林润辉教授、程新生教授、李姝教授、牛建波副教授、郝臣副教授为本书的完善提供了很多有益的建议，我们也向这些学者们表示感谢。限于作者的水平和经验，本书难免存在缺点和不足，敬请读者予以批评指正。

李维安

2016 年 9 月 28 日

目　录

第一章　治理的本质

随着现代治理理念上升到国家高度，放眼全国，几乎没有人不知道“治理”。但什么是治理？现代治理理念包含哪些内容？在现代治理普及中又存在哪些误区？这些问题，我们都将在本章中给出答案。

第一节　什么是治理

当前，治理一词频频出现。打开网页，翻看新闻，可以看到国家领导人在谈论国家治理和全球治理问题；进入大学课堂，听一场专题讲座，可以看到专家学者在向 EMBA 学员、证监会官员以及交易所领导讲授公司治理、证券交易所治理等知识；坐上出租汽车，喝碗豆浆、吃根油条，又会听到老百姓对社会治理、社区治理问题议论纷纷。放眼望去，从公司治理到政府治理、社会治理，再到国家治理，似乎不谈治理就不时髦。治理为何如此重要？具体含义是什么，关键点在哪里？

在英语中，“治理”（Governance）一词源于拉丁语“Gubemare”，意思是“掌舵”或“统治”，在希腊语中与“舵手”是同义语。因而治理包含“掌舵”和“统治”的双层意蕴，涉及规则、治理结构和治理机制的一系列安排，并且通过塑造和约束利益相关者之间的关系，把组织引导到正确的发展轨道上。

一、治理使各个层面的制度建设"有血有肉"

1978年以来，中国在政治、经济和社会等方面都取得了巨大发展，如果要问，这种发展的原因到底是什么，可能大部分经济学家、管理学家和政治学家会回答说，是因为改革开放。的确，建国60多年来，特别是改革开放30多年来，中国取得了令世人瞩目的成就。如今，中国的国际地位不断提升、社会和谐稳定，2010年经济总量已经排在世界的第二位。可改革开放的本质是什么？

实际上，改革开放就是在经济上放权于市场，在社会上放权于人民。向市场放权，所以就有了20世纪七八十年代的经济改革，并要逐步建立现代企业制度，随之而来的是"公司治理"作为一个热门词汇，出现在大众视野之中；向社会放权，所以就有了政治体制改革、社会体制改革和国家体制改革，并要建立现代政府制度、现代社会制度和现代国家制度，政府治理、社会治理和国家治理又成为大街小巷都在议论的话题。

可见，无论是企业、政府、社会乃至国家的改革，都伴随着一系列的治理改革过程。这是因为这些改革首先面对的都是主要规则和制度的再造，以及由此引发的资源和话语权的配置和协调，而这正是治理的核心要义所在。

由于涉及主要规则和结构的一系列安排，如果把主要的制度形象地比作“人体”，那么治理就使得现代制度建设“有血有肉”，正如公司治理、政府治理、社会组织治理和国家治理分别使得现代企业制度、现代政府制度、现代社会组织制度以及现代国家制度“有血有肉”。

二、治理把组织引导到正确的发展轨道上

从静态上讲，治理更多的是涉及主要规则、治理结构和治理机制的一系列安排。从动态上讲，治理更多的是一种行动，在规则和制度安排的基础上，通过塑造和约束利益相关者之间的关系，把组织引导到正确的发展轨道上。

“把组织引导到正确的发展轨道上”，说明了治理的战略导向，即更关注“组织向何处去”。通过审定组织战略，治理关系到确立组织运行的基本导向。例如，企业在初创时期就制定好战略、设计好规则、搭建好结构，这将有助于企业在正确的发展轨道上不断成长壮大。

除明确组织的发展方向外，治理的意义还在于，引导各利益相关者既相互制衡又相互合作，以达到组织和谐、基业长青的目的。这就好比大家共同坐在一条木船上，除了明确航向外，治理的作用还在于协调大家一起划船、一起出力，最终让木船顺利地驶向大家拟定的目的地。

拓展阅读

治理的两个重要观念

第一个观念，从治理结构到治理机制。组织治理不仅仅需要一套完备有效的组织治理结构，还需要若干连接治理结构的治理机制，治理结构和治理机制能够保证制度建设“有血有肉”。

第二个观念，从相互制衡到决策科学。治理的目的不是相互制衡，而是决策科学，相互制衡只是保证组织科学决策的方式和途径，决策科学则能够保证组织在正确的轨道上不断发展。

三、治理的三要素：规则、合规和问责

治理既能够保证各个层面的制度建设“有血有肉”，又能够把组织引导到正确的轨道上，这其中主要依靠治理的三要素：规则、合规和问责。

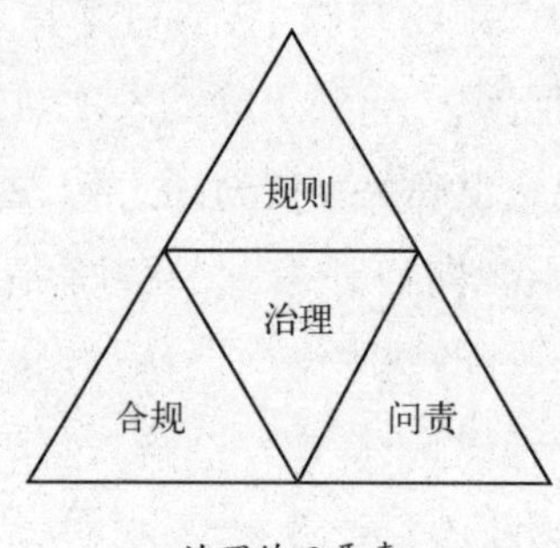

治理的三要素

第一，治理要发挥作用，首先就是要定规则。

每个人都有欲望，一个人的时候还可以按照自己的想法去行动，但人的本性是趋利避害的，因而当组织中的多个个体集合在一起的时候就需要有规范，需要定规则，正所谓“无规矩不成方圆”。规则的存在是维持组织活动的必要前提；没有规则，组织活动就无法正常进行。

为了保证组织的有效运行，组织治理需要围绕决策科学，制定和明确组织运行所需要遵循的一系列规则。几乎所有的组织治理都有明确的规则，例如国家治理最重要的规则就是《宪法》，大学治理的规则是《大学章程》，公司治理的规

则包括《公司法》和《公司章程》,等等。

正是因为规则与每个参与活动的组织和个人的利益息息相关,所以才要定规则,定了规则更要求每个人必须遵守。治理学把这些特定的组织和个人叫做"利益相关者"。在最初订立规则的时候,所有的利益相关者的意见要充分尊重;但规则一旦订立,就需要维护规则的权威性和终局性。

第二,为了对利益相关者负责,治理讲究合规,合规是治理的第二个要素。

我国的现代企业制度、现代政府制度、现代社会制度以及现代国家制度等制度建设与治理改革都经历了由"破"到"立"的过程,"立"的目的就是要求现代组织治理走合规的道路。在有些制度建设与治理改革过程中,我们曾经走过广义的"违规"的道路,如我国的企业改革就曾经历过绕过计划经济的框框、突破计划经济束缚的"违规"阶段,而公司治理改革标志着我国的企业改革开始进入合规阶段。

治理合规分为两个阶段,一个是强制性合规阶段,另一个是自主性合规阶段。强制性合规是为了满足治理规则的"底线"要求;自主性合规是积极、自愿的合规。例如,A 上市公司董事会成员中包括三分之一独立董事,B 上市公司董事会根据治理实践和创新的需要,包括多于三分之一的独立董事,则 A 公司满足了证监会《关于在上市公司建立独立董事制度的指导意见》"上市公司董事会成员中应当至少包括三分之一独立董事"的强制性合规要求,B 公司则是自主性合规的做法。

我们知道,治理合规的目的是确保利益相关者的利益,是为了保证组织决策科学,把组织引导到正确的发展轨道上。因而仅仅依靠治理规则和治理结构来保证合规是不够的,还需要若干治理机制。与自主性合规和强制性合规相对应,治理机制也分为自主性治理机制和强制性治理机制。

1990 年,一个叫奥斯特罗姆的美国人写了一本书,叫《公共事务的治理之道》,这本书首次提出了自主性治理机制,拓展了人们对自主性合规的认识。奥斯特罗姆也因此获得了诺贝尔经济学奖,成为历史上第一个获得诺贝尔经济学奖的女性。

拓展阅读

奥斯特罗姆和自主性治理

埃莉诺·奥斯特罗姆(Elinor Ostrom),1933 年生于美国,美国印第安那大学政治学系阿瑟·本特利讲座教授。

奥斯特罗姆曾任美国政治学会、中西部政治学会、公共选择学会、国际共有财产研究学会等组织会长,1991 年当选美国艺术与科学院院士,2001 年当选美国国家科学院院士,曾获弗兰克·塞德曼政治经济学奖和约翰·斯凯特政治学奖,并被密歇根大学、瑞士苏黎世大学和荷兰社会研究院等授予名誉博士学位。

奥斯特罗姆认为自主治理是相互依赖的委托人通过长期关系、声誉、社区规范、信息中介和私人仲裁,利用契约执行等手段自己组织起来,进行自我治理,从而能够在所有人都面对搭便车、规避责任或其他机会主义行为形态的情况下，取得持久的共同收益的治理方式。

在奥斯特罗姆看来：自主治理机制与来自外部的强制性的要求承诺不同，他们解决问题的力量来自于内在的自我激励、自我监督和实施制裁，以保持每个人都来遵守集体规则。此外，相互监督都是一种外在与内在的有效约束。监督机制可以让每个人都认为必须遵守集体规则，同时又要求别人也必须遵守集体规则。

我们再通过一个治理案例向大家介绍一下治理机制以及强制性治理机制和自主性治理机制。

治理案例

分粥的故事和治理机制

从前，山上的寺庙里有七个和尚，他们每天分食一大桶粥，可是每天可以分食的粥总是不够吃。

为了保证每个和尚都基本能吃饱，他们决定通过协商的方式决策分粥事宜。

一开始，他们决定选一个道德高尚的和尚来分粥，过了几天他们发现，这个和尚总是为自己分得最多。于是换了一个和尚，再过了几天，依旧发现还是分粥的和尚为自己分得最多。

接下来，大家干脆协商决定每个和尚按天轮流分粥，但问题仍然存在，一周下来只有自己分粥的那天能够吃饱还有剩余，其

他人分粥的那几天仍旧饥肠辘辘。

饿得受不了的和尚们再次决定重新讨论分粥事宜。这次，他们商议指定一个和尚负责分粥，一个和尚负责监督。起初还算公平，但过了一段时间后，负责分粥的和尚和负责监督的和尚分到的粥最多。这种治理机制也宣告失败。

讨论再三，他们又产生了新的分粥方案。由七个和尚民主选举产生一个由三人组成的分粥委员会和由四人组成的监督委员会。这样公平的问题基本解决了，可是由于监督委员会提出多种议案，分粥委员会又往往据理力争，等决策结果出来之后，粥早就凉了。后来，他们也曾讨论出每人拥有一票否决权的方案，但最后由于无法满足每个利益相关者的愿望，也没有执行下去。

最后他们讨论决定，每人轮流值日分粥，但分粥的那个人要等到其他人都挑完后再拿剩下的最后一碗粥。在这样的治理机制下，每个和尚每次分到的粥几乎是一样多的，这是因为每个主持分粥的和尚都意识到，如果7只碗里的粥不一样，他无疑将会享用最少的那碗粥。

——据《分粥效应》，百度百科

由于人们都是趋利避害的，所以当一个和尚主持分粥的时候，就会出现其他和尚分到的粥少的情况。为了每个人相对公平，并且保证组织持续发展，陆续产生了“一个和尚主持分粥、一个和尚监督分粥”，“成立分粥委员会和监督委员会”，“一票否决制”以及“主持分粥的和尚最后拿粥”等治理机制。

从这个案例中我们可以看到，治理机制主要涉及激励、决策和监督等内容,如果缺乏相应的治理机制,决策主体就会产生私利行为,进而难以保证决策科学。同时,我们也看到,由于注重了内在的自我激励、自我监督和自我惩罚等自主性治理机制,“主持分粥的和尚最后拿粥”的方案成为最终的有效解决方案;“成立分粥委员会和监督委员会”和“一票否决制”等治理机制虽然在一定程度上可行,但由于治理效率较低而治理成本较高终被放弃采纳。

第三,除了规则和合规以外,治理的另外一个关键要素是问责。

良好的治理应该符合治理规则,在合规的架构内引导组织发展。在组织发展过程中,一些个人或群体可能会为了追求自身利益的最大化,忽视其他利益相关者的利益,产生违规行为。这个时候就需要问责机制发挥作用,以保证其他利益相关者的整体利益。

现代治理的问责是集体决策、个人问责,这就要求传统治理在向现代治理转变的过程中,要在完善集体问责制的同时,建立个人问责制,明确到责任个体。例如,公司治理中凡是涉及违规资金占用、对外担保和融资等重大事件,我们必须明确董事长、总经理和财务负责人的责任。

为了强化治理的问责机制,需要建立相应的责任追溯制度,以便形成有效的权责结构,减少人治,进而保证组织的决策科学。此外,在治理过程中还要特别注重对规则制度执行情况的问责,以避免治理的空洞化和流于形式。

2015 年 10 月 19 日,国务院发布《关于实行市场准入负面清单制度的意见》,正式启动市场准入管理方式改革。从

2015 年 12 月 1 日至 2017 年 12 月 31 日，在部分地区试行市场准入负面清单制度，并明确从 2018 年起正式实行全国统一的市场准入负面清单制度。负面清单制度的推出是治理领域贯彻“规则、合规和问责”三要素的积极探索。

拓展阅读

负面清单制度如何贯彻“规则、合规和问责”

市场准入负面清单制度，是指国务院以清单方式明确列出在中华人民共和国境内禁止和限制投资经营的行业、领域、业务等，各级政府依法采取相应管理措施的一系列制度安排。市场准入负面清单以外的行业、领域、业务等，各类市场主体皆可依法平等进入。

各级政府给出“负面清单”，让企业明白不该干什么，可以干什么，“法无禁止即可为”，一方面强化了市场主体的规则意识和底线意识，让市场主体明白哪些是不可触碰的“红线”行为；另一方面为合规的市场主体提供了发展空间，有助于他们充分迸发创新活力。当然，对于确实存在的“踩红线”违法行为，政府还需要运用法治方式进行“问责”。

第二节　现代治理理念

现在社会上都在讲治理，说明治理学很急需，这当然是好事。但是，令人遗憾的是，相当一部分组织和群体仅仅把治理当成一种口号或是某些标签。究其原因，主要在于现代治理理念的缺失或是模糊。现代治理理念，就是现代治理需要遵循的理性化的思维模式以及普适性的观点见解，本节将为读者呈现现代治理理念的核心内容。

一、治理的基础是多元化

古语说“众口难调”，利益偏好本身没有好坏之分，所有个体和组织都有追求利益的正当权利。无论是利己还是利他，只要不是一元的独立体，就存在各种不同的利益诉求。治理的基础是多元化，这个意思是说，整个治理的“大厦”都是建立在多元化的基础之上，一元不需要也无法搞治理。

也许有人要说，在移动互联网时代，个体既是信息发布者，又是信息接收者，我们不出门也可以共享信息、知天下，以往由群体协调来完成的业务，现在我们一个人也可以轻松完成。那么是不是说移动互联网时代就减弱了治理的多元属性呢？

当然不是。移动互联网不是减弱，反而是强化了治理的多元属性。网络平台和大数据作为重要的治理工具，使原来没有能力从而缺乏积极性的弱势群体更加便于参与治理。不仅如此，“影响型”朋友成为信息传播的重要节点，移动互联网络群体也日渐演变为重要的治理主体。这些都使得治理的主体更加广泛化，从而强化了治理的多元属性。

拓展阅读

移动互联网强化了治理的多元属性

1. 移动互联网时代的特点

地理位置信息提供随时随地的管理，“任何时间、任何地点、任何对象、任何信息、任何方式”成为人们信息交流的新观念；全民互联，用户数量巨大且年龄分布日益分散化；信息传播的速度更快、更及时;朋友圈互动密切、影响日深,“影响型”朋友成为社交网络的“朋友圈”中传播产品信息的重要节点。

2. 移动互联网时代的组织变革

个体既是信息发布者,又是信息接收者,不出门也可以共享信息、知天下,从而打破了传统组织的科层壁垒,也大大缩短了消费者与生产者之间的物理距离,每个人都既是消费者,又是生产者。

以往由传统的科层组织来完成的业务,现在一个人也可以轻松完成,甚至每个掌握终端的原子化的个体都可以成为一个组织。这也使得个体尽可享受自由空间,按需定制、个性化的生产方式得以出现。

真正自组织出现:他们在形态上像细胞,逐渐原子化;在组织方式上越来越个性化,有别于他组织。如果要形象比喻,可以将其比作“自由人的联合体”,并可以轻松实现“我的地盘我做主”。

3. 移动互联网强化了治理的多元属性

“任何时间、任何地点、任何对象、任何信息、任何方式”的信息交流观念,推动了那些原来没有能力、缺乏积极性的主体通过网络方式参与治理,更加多元的治理主体开始焕发活力。

移动互联网时代带来精准信息的推送,“影响型”朋友成为社交网络传播信息的重要节点,这种网络放大效应扩大了治理主体的影响效应。

治理的多元化要求组织秉承“多元化治理”的秩序观。

通过构建治理权分享机制，让多元利益相关者真正参与到治理中来，具有利益表达与利益获取的通道，获得追求利益的正当权利和足够空间，进而使组织在治理层面成为一个事实上的利益相关者合作体。

木桶效应一般是讲一只水桶能装多少水取决于最短的那块木板。根据治理的秩序观，我们也可以得出治理的"木桶效应"。同样的一个木桶，各块木板就像是参与治理的主体，由于偏好与利益有所差别，所以他们有长有短、形状各异，而治理就是通过协调长板主体和短板主体的动态利益，最终构筑"风雨同舟"的利益联合体，使得整个木桶的容水量最大。

拓展阅读

治理学中的"木桶效应"

一只木桶要想盛满水，必须每块木板都一样平齐且无破损，如果这只桶的木板中有一块不齐或者某块木板下面有破洞，这只桶就无法盛满水。一只木桶能盛多少水，并不取决于最长的那块木板，而是取决于最短的那块木板。这就是著名的木桶效应。

如果我们动态地看待这个问题，就可以利用现有木板，来增加木桶的容水量。我们对木板取长补短，通过重构木桶的方法，使木桶能够容纳更多的水。在治理学中，木板就像是各个治理参与者，具有各种不同的，多元化的利益偏好。治理的多元化要求这些参与者共同参与治理，积极表达自己的利益诉求，通过利益共享与协调，构成一个"风雨同舟"的利益共同体。

二、治理的关键在于顶层设计

系统工程学领域的顶层设计是指为了更好地完成工程项目建设的目标和任务，通过系统论的方法，从战略和全局的角度，统筹规划工程项目的各个层面和要素，以便最大程度地整合各方资源。

那么，什么是治理学中的顶层设计？简单来说，就是基础规则的制定，是只有各类组织的主要负责人能主持干，其他人都干不了的。比如，我们常说管人、管事和管财产，实际上这些都是管理权，不是顶层设计。只有类似基础规则、基础章程（比如大学章程）的制定，才算得上是顶层设计。

从这里也能够看得出，治理者往往都处于顶端，顶层设计由顶端向底端铺开。这样，顶层设计由特定的治理者所专属，治理流程也就理顺了，因为底层的人做不了治理。

美国独立后的第一任总统华盛顿，就做了一件顶层设计的事情。他在两届总统任期结束以后，自愿放弃权力不再续任，从而创立了美国总统只能连任两届的传统。这件事情只有在任的总统能做，其他任何人都是做不了的。

治理案例

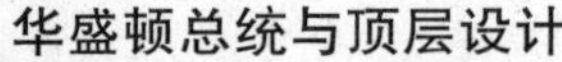

华盛顿总统与顶层设计

乔治·华盛顿（1732 年—1799 年），美国政治家，美国首任总统，被美国称为“国父”，美国独立战争时期大陆军总司令。

1789 年，华盛顿经过全体选举团无异议的支持而成为美国第一任总统，在接连两次选举中都获得了全体选举团无异议支持，一直担任总统直到 1797 年。在两届任期结束后，他自愿放弃权力不再谋求续任。

华盛顿坚决拒绝连任国家总统，创立了美国总统只能连任两届的传统。美国宪法原本并未对总统连任问题做出明确规定。华盛顿创立的这一传统延续到 1940 年富兰克林·罗斯福连续第三次当选总统为止。1947 年美国国会鉴于总统权力不断扩大和有可能形成终身制的趋势，制定了第二十二条宪法修正案，即“任何人不得任总统之职两届以上”，该修正案于 1951 年正式批准实行，从而以法律形式又恢复了华盛顿创立的传统。

——据《美国历届总统：乔治·华盛顿》，腾讯网

然而现实中，各类组织治理实践存在的一个奇怪现象是“治理倒置”，即“顶层抓管理，底层想治理”。这样的治理倒置很可怕。本来治理上注重顶层设计，是靠治理者的拉动来调动管理者的积极性和主动性，提高决策效率的。治理倒置，治理者占了管理者的职能，导致管理者缺乏积极性，常常是治理没搞好，管理也无效。

三、治理方式注重“疏”“统”并举

治理一词本身就有“统治”和“疏导”的双重含义。比如，在春秋战国时期，《荀子·君道》就谈到，“明分职，序事业，材技官能，莫不治理”。意思是说，明确名分职责，根据轻重缓急的次序来安排工作，安排有技术的人做事，任用有才能的人当官，国家统治机构就能够有效地运用政治权力巩固政

权，这里的“治理”主要是“统治”。再比如，“大禹治水，疏导重于围堵”，这里的“治”则主要指疏导。

“统治”的蕴意在于通过外在的强制力量对组织施加控制，强调的是强制性权力的运用。“疏导”的深层次含义在于通过利益等激励约束机制，对利益相关者进行疏通引导。

在组织中，如果过于关注治理的“统治”维度，可能会出现重大决策中的“一言堂”，也可能会在不经意间实施过度控制，很难满足利益相关者的利益诉求，常常会陷入高成本与低效能孪生的窘境。例如，在现实生活中，如果城管暴力执法，往往容易激化社会矛盾；如果他们柔性执法，则更易赢得社会大众的尊重。由此可见，软权力和硬权力并用，并且以软权力为主，才是有效治理的前提和关键。

四、治理是一个过程

治理不是一次性行为，而是围绕“规则、合规和问责”不断演进的动态建设过程，伴随着组织的始终，比如我们的改制上市、IPO都不是一次性行为，因而不光要在上市的时候完善公司治理建设，企业上市以后更要继续推进公司治理建设，实现公司治理的动态优化。

纵观治理的发展过程，缺乏合理化规则是治理有效性实现的瓶颈。规则制定后，是否遵守规则以及违反规则之后的问责是治理效率提升和治理效果实现的关键。

治理的过程性一方面要求治理规则要健全和切实可行，另一方面要求治理规则一旦确立之后，问责机制应该及时发挥作用。如此，两方面同时具备，也就保证了治理行为的长期性，并有助于实现组织的基业长青。

与治理的过程性相反，我们在诸多群体事务的处理过程中，往往是运用“运动式”治理方式，严重阻碍了现代治理理念的贯彻执行，诸如“严打”、“集中整治”和“专项行动”等活动，都是使用频率颇高的“运动式”治理方式。

治理案例

铁选企业被曝光与“运动式”治理

2015年2月8日，中央电视台《焦点访谈》以“身处‘尘世’头顶雷”为题，报道了河北承德平泉县卧龙镇等部分铁选企业尾矿库存在安全隐患和粉尘污染等问题。

节目播出后，平泉县委、县政府高度重视，连夜召开三次政府常务会和县委常委会，成立调处领导小组，全面安排部署彻查工作，要求摸清情况，对一经核实的问题彻底整改。

2月9日上午，平泉县召开全县矿山企业整顿紧急会议，对全县生产铁选企业立即停产，并开展尾矿库安全隐患排查整改和扬尘污染专项治理。同时，加大安全生产和环境保护监管力度，建设和保护京津水源涵养功能区，切实维护好群众根本利益。此外，启动问责程序，一经查实存在问题，严肃追究处理。

——据《河北平泉铁选企业被央视曝光 当地停产启动问责程序》，2015年2月9日人民网

案例中的企业经媒体曝光后，相关部门迅速行动、积极整顿，体现了媒体的正能量。但上述地方的环境污染并非短时间形成，当问题集中爆发之后才开展全面、集中和短期的专项活动，这是典型的“运动式”治理方式。

"运动式"治理有哪些特点和弊端？总结来看，"运动式"治理具有短期化、临时性等特点，虽然可以猛药见效，但由于缺乏系统性，导致专项行动期间，违规者停止违规行为，往往就能逃过惩罚；专项行动过后，违规行为又会劫后重生，死灰复燃。因此，从长期来看，"运动式"治理将会缺乏有效性，现代治理应强调过程性。

第三节　治理误区的识别

现代治理理念具有先导性作用，依靠现代治理的这些基本假设或理念基石，我们对治理现象的解释就更加接近现实本身，这也使得治理学与其他学问有所区别，进而使"治理理念"得以在全社会快速传播。可是，在最近针对治理的各类解读与宣讲热中却出现了一些认识误区，影响着对现代治理理念的认知和普及，要实现现代治理从传统认识误区中真正突围，当务之急是识别这些误区。

一、识别"治理取代或等同于管理"的误区

最近针对"治理理念"的各类解读与宣讲中出现了一些误区，有的解读和宣讲中只提管理，忽视了治理；有的只提治理不讲管理，全国都只讲现代治理能力；更有甚者，把管理和治理对立起来，说正因为管理如何不重要，所以才要抓治理。

治理职能主要涉及制度和决策，并且组织层级越高，治理的职能越明显；组织层级越低，管理的职能越突出。在一个组织中既有治理职能，也有管理职能，治理和管理既有区

别又有联系。

治理和管理的主要区别在于：就目的而言，治理的目的在于实现多元利益相关者的利益均衡并保证决策科学，而管理强调的是保证既定任务目标的实现；就职能而言，治理注重明确责任体系以及激励、决策和监督等关系，而管理主要关注任务落实的计划、组织、指挥、控制和协调；就实施基础和依据而言，治理主要依靠契约和法律规范等治理规则，而管理主要依靠内部的管理层级关系；就地位和作用而言，治理的作用在于规范权利和责任，而管理侧重于规定具体的发展路径和方法。

虽然随着组织层级的提高，治理和管理所占的比重会有所变化，但对于一个组织的正常运转，治理与管理缺一不可。组织上层以治理职能为主，负责制定组织的游戏规则，监督保障组织制度规则执行的合规性与有效性，同时也需要运用适当的管理职能保证自身组织运作的效率。在组织上层确定好制度建设的整体架构之后，组织下层主要通过管理职能完成上述制度规划的具体执行任务。

二、识别“治理强调状态和结果”的误区

党的十八届三中全会提出“加快形成科学有效的社会治理体制，确保社会既充满活力又和谐有序”，而后，在一些关于社会治理的解读中，有的人认为社会管理向社会治理转变，就是说社会治理的重心要由“秩序与过程”转变为“状态与结果”。

事实上，治理不单单是一种状态，也不单单是一种结果，

治理是过程与结果的有机统一体，从社会管理和社会治理的区别角度，单纯认为"管理强调秩序与过程"，"治理强调状态与结果"的认识有失偏颇。

治理通过多元利益相关者的参与，建立规范的治理结构、相互协调的治理机制，引导组织向正确的轨道上发展。治理规则、治理结构和治理机制等治理要素是不断演进的系统建设过程，因而治理注重过程性。但这些建设过程的最终目标是治理的有效性，是保证组织发展到正确的轨道上，因而治理又强调结果。

总之，如果没有治理有效性的引导，治理过程就难以有章可循；如果没有治理机制的良性互动和治理过程的不断建设，治理有效性也就难以实现。将治理错误地理解为一种状态或结果，只会使得治理的有效性形同"空中楼阁"，治理过程也可能因此停滞不前。

三、识别"治理具有规训弹性"的误区

在一些普及"治理理念"的宣讲和解读中，有人将管理和治理进行比较，认为"管理具有强制性约束力，治理具有规训弹性"。诸如此类解读，由于单纯从字面意思上去理解"治理"，模糊了治理与管理在实施基础和依据方面的区别而容易陷入认识的误区。

治理的实施主要依靠契约以及法律文本的规范。在契约的形式上，过去的东方社会多以口头形式为主，例如，我们常常会说，"诺言"，"誓言"，如果不履行承诺，就会受到道德的约束和谴责；而在西方社会，他们在契约订立方面多以

书面契约为主，如果不履行契约，就按照契约条款的规定解决。

治理案例

契约的维护和履行

1797 年 7 月 15 日，美国纽约一个年仅 5 岁的孩子不幸坠崖身亡，孩子的父母悲痛欲绝，便在落崖处的哈德逊河畔为孩子修建了一座坟墓。

后来，这对父母因家道衰落，不得不转让孩子坟墓所在的这片土地，但他们对新主人提出了一个要求：把孩子坟墓作为土地的一部分永远保留。新主人同意了这个要求，并把它写进了契约。

这片土地的主人几经变更，但孩子的坟墓仍然留在那里。即使是 1897 年这块土地被选为总统格兰特将军的陵园，而孩子的坟墓依然被完整地保留了下来，成了格兰特陵墓的邻居。

1997 年 7 月，在格兰特将军陵墓建成 100 周年时，时任纽约市长在缅怀格兰特将军的同时，重新修整了孩子的坟墓，在墓旁的一块墓碑上亲自撰写了孩子墓地的故事，让它世世代代流传。

——据《三个小故事，告诉你什么是契约精神》，2016 年 9 月 5 日搜狐网由于书面契约的权威性，现代治理的实施基础和依据已经由口头契约向西方社会的书面契约转变。从这个意义上来讲，治理更侧重制度性层面，其实施基础和依据一般具有最高的权威性和终局性。与治理不同，虽然管理也依靠法律规范的强制性规定，但管理的实施主要依靠内部的管理层级关系。

当然，作为治理的制度性契约，治理规则的最初缔结是多元利益相关者集体协商的结果，因而利益相关者也就可以选择是否参与治理以及参与治理的程度。但这也并非表明“治理具有规训弹性”，因为即使是自愿选择或者是自主性治理，其前提也是必须保证治理的规范合规，即符合治理制度性规范的最基本要求。

四、识别“治理目标多样、变动”的误区

在另一些宣讲和解读中，有些人认为，“管理的目标相对统一稳定，基本上是自上而下”，而“治理的目标多样、变动，很难达成共识”，类似提法主要是因为在治理“多元化”特征的认识上存在偏误。

治理的基础具有多元性，由不同的组织或是不同的个人构成，一元化不需要也无法进行治理。参与主体的多元性进而带来不同利益相关者的多种利益诉求，社会转型以及网络信息技术的发展，更是加剧了利益相关者诉求的分散化和多元性。这种情况下，协调各种利益相关者就变得相当困难。这就要求组织秉承“多元化治理”的秩序观，通过构建治理权分享机制，让多元利益相关者真正参与到组

织治理中来，充分表达利益诉求，获得追求利益的正当权利和足够空间，在治理层面营造一个事实上的利益相关者合作体。

由此，正是由于利益相关者存在利益诉求的多元化，协调起来困难，才会有治理问题，方显得治理有必要；而通过"多元化治理"的秩序观，构建利益相关者合作体，又使得利益相关者的治理目标具有一致性。

当然，对治理认识的误区并不限于以上几种，但从中可看出，要真正实现从传统思维到现代治理思维的转变，端正现代治理理念尤为重要。

第二章　公司治理:治理改革的先行者

中国改革的路径依次是建立现代企业制度、现代政府制度、现代社会组织制度和现代国家制度,公司治理改革即成为中国治理改革的先行者。那么,如何理解公司治理?网络治理作为公司治理发展的新阶段,如何理解网络治理及其发展?伴随着市场化、网络化和信息化的快速发展,公司治理改革将面临哪些困境,又将如何实现突围?

第一节　公司治理是什么

现在,无论是企业高管还是政府的经济工作者,都在慢慢接触公司治理的概念,越来越多的高校也开始开设《公司治理》课程,公司治理变得热门起来。但对于"公司治理是什么"这个问题,很多人可能难以回答或者认识不够深刻。为此,本节将给出公司治理的系统解读。

一、为什么公司需要治理

良好的公司治理能够为企业带来溢价,引导企业走向长治久安。

企业的发展要面临双重的外部环境,一种是产品或服务市场,一种是资本市场。我们进行了三十多年的市场经济改革,最大的收获就是认识到顾客是产品或服务市场上的"上帝",企业要立于不败之地,就要全心全意地服务顾客,适应好顾客这个上帝。

其实,除了顾客这个上帝以外,企业还有另外一个"上帝"。在资本市场上,企业只有取得投资者或出资人的信任,才能够保证源源不断的资本供给,投资者就成为企业的第二个"上帝"。

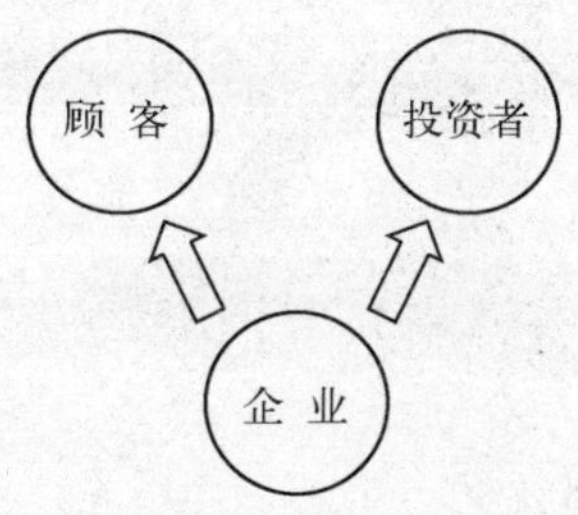

企业的两个"上帝"

认识到顾客和投资者作为企业的两个"上帝",我们就不难理解公司治理的意义。搞好公司治理能够提升企业价值,带给投资者或出资人丰厚的回报。这是因为良好的公司治理能够保证企业战略的连续性与经营的稳定性,降低公司的经营、财务以及违规风险。对于上市公司而言,搞好公司治理更是能够促进股权的安定性,这样一来,股票就变得稀缺,使得投资者对公司治理状况较好的公司形成一定预期。也正是由于这个原因,世界各国纷纷采取一系列措施来规范公司治理。

我们进一步用一张图来描绘公司治理和公司价值创造

之间的关系。如果用一棵枝繁叶茂的大树来形容公司,那么公司治理就是大树的根,而公司管理是大树的树干,相应地,公司价值则是果实。这里我们可以直观地看出公司治理的重要性,只有公司治理规范、公司治理做得好,也就是说大树的根基牢靠,公司价值的果实才会结得好,才会丰收。

公司治理和公司价值创造之间的关系

为什么有些大企业会轰然倒下？主要有两类原因,一类是企业陷入了管理危机,一类是陷入了治理危机。管理危机主要起因于企业得罪了顾客这个"上帝",治理危机则主要起因于得罪了投资者这个"上帝"。公司治理的危机主要以财务造假、违规为导火索,可能会造成毁灭性的灾难,导致企业朝不保夕。

治理案例

安然事件和帕玛拉特事件

安然公司是世界上最大的综合性天然气和电力公司之一,成立于 1958 年,总部设在美国休斯敦。安然公司在北美地区是头号天然气和电力批发销售商,2000 年《财富》世界 500 强排名第 16 位。

安然公司从 1997 年到 2001 年间共虚报利润 5.86 亿美元,并未将巨额债务入帐。2002 年 1 月 15 日,纽交所宣布,由于安然股票交易价格在过去 30 个交易日中持续低于 1 美元,决定将其从道·琼斯工业平均指数成分股中除名,并停止安然股票的相关交易,至此,这个曾经辉煌一时的能源巨人已完全崩塌。从现象上看,是上市公司在利润率下降时,制造虚假盈利,维护股票价格,以维护经理层的利益。从深层次看,则根本问题在于制度因素——公司治理的缺失导致了问题的爆发。

帕玛拉特(Parmalat)是意大利的一家跨国性食品加工企业,成立于 1961 年,拥有 40 多年的历史,其创始人为卡利斯托·坦齐(Calisto Tanzi)。

2003 年底,帕玛拉特突然申请破产保护,在意大利引起

轩然大波,被称为欧洲的"安然事件"。在被拘留后,坦齐承认在帕玛拉特的账面上大概有 80 亿欧元的亏空,并且他曾经将 5 亿欧元转移到了自己家庭成员所拥有的公司中。在初步调查之后,意大利检查人员

表示，在过去长达 15 年的时间里，帕玛拉特管理当局通过伪造会计记录，以虚增资产的方法弥补了累计高达 162 亿美元的负债。

帕玛拉特的主要治理问题是经营层捏造虚假财务信息欺骗股东，众多股东的权益被侵害。欺诈的目的除了隐瞒公司因长期扩张而导致的严重财务亏空以外，另外一个重要目的是把资金从帕玛拉特（其中坦齐家族占有 51%的股份）转移到坦齐家族完全控股的其他公司，掏空上市公司。

——据李维安，《公司治理学（第二版）》，高等教育出版社，2009 年

安然和帕玛拉特等大公司相继爆出以财务丑闻为导火索的公司治理大地震，不是败在产品或服务市场上得罪了顾客，而是因为在资本市场上几乎泯灭了投资者的信任。显然，失去了作为公司“主人”的投资者的信任，不仅难以获得充足的资本供给，而且很难在以诚信维系的市场经济环境中生存，又何谈可持续经营？

二、公司治理的主体和客体

公司是谁的？公司法最早解释说公司是出资人、股东的，现在提出了一个新的概念——利益相关者，意思是说，这些人（例如，股东、银行、员工、高管等）的命运与公司利益紧密相连。这样我们常讲的“出资人”的“资”的范围有所变化，由原来的资金，变为现在包括人力资本、管理资本、信贷资本以及其他资本。因而，公司治理的主体不再仅仅局限于股东，而是包括股东、经营者、债权人、雇员、供应商、竞争者、顾

客和社区等在内的广大公司利益相关者。

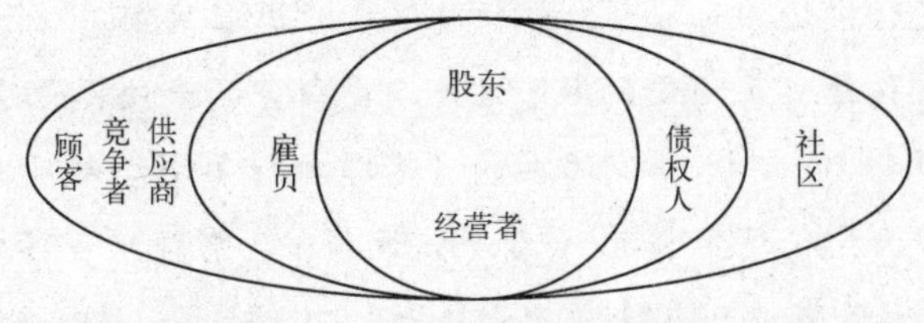

公司治理的主体

既然现代公司是属于利益相关者的，那么从公司治理的角度出发，就不仅要追求股东利益最大化，还要不断追求公司价值和利益相关者利益的最大化，这样才能符合利益相关者的诉求。相反，如果把公司治理当做斗争的工具，“不是你死，就是我活”，那一定是多输的结局。

治理案例

“万科事件”对利益相关者治理的借鉴意义

2015 年 7 月 10 日，宝能第一次举牌万科。

2015 年 12 月 17 日，王石公开表示不欢迎“野蛮人”宝能做第一大股东。

2015 年 12 月 18 日，万科发布临时停牌公告，称正在筹划股份发行，用于重大资产重组及收购资产。

2016 年 6 月 17 日，万科管理层将 2016 年 3 月 17 日临时股东大会宣布要推进的重组预案提交董事会，该预案的内容是：万科拟以发行股份的方式购买深圳市地铁集团持有的前海国际

100%股权，初步交易价格为456.13亿元，初步确定对价股份的发行价格为每股15.88元，即定价基准日前60个交易日万科股票交易均价的93.61%。董事会的表决结果是，万科董事会11人中，华润派驻的3名非执行董事全部反对，管理层3名执行董事赞成，1名外部董事和3名独立董事赞成，1名独立董事以利益冲突为由弃权。万科表示，经过无关联关系的10位董事投票，该预案以7位董事赞成，3位董事反对的方式获得通过。然而，华润方面坚持认为上述投票结果无效，并已向万科发送律师函。

2016年6月26日，宝能以万科第一大股东身份提请万科董事会召开临时股东大会，审议罢免王石、郁亮在内的10名万科现任董事、监事的议案。

2016年7月7日，宝能公告改口称欢迎并真诚希望万科管理层中优秀者继续留任，自己愿意做万科长期的战略财务投资人。

我们可以看到，万科在宝能连续举牌并以第一大股东身份进入的时候，作为掌门人的王石称宝能"野蛮人"并不欢迎对方，在言论上有欠妥的地方；一开始抱有谨慎态度的宝能，后来却发展到要罢免公司所有董事，过于"一刀切"；华润则是开始反应迟缓，后来态度强硬，由同万科管理层的"一致对外"发展到与宝能"联手"施压管理层。

——据《万科股权之争：事件梳理》，2016年7月13日中金在线

发生在万科、宝能和华润之间的股权之争的治理案例，目前已经引起全社会的高度关注。事件进展过程中，利益各

方各持己见,均认为自己是对的;在具体行动中,抱着一定要击败对方的目的,把公司治理作为斗争的工具,你打倒我,我打倒你,甚至是不顾一切。我们应该认识到,治理较量只是利益相关者维护利益的手段,万科事件所体现的各方对立态势,违反了众多利益相关者和谐治理的原则,受损害的将不仅是中小股东和员工,还有公司的品牌和公司价值。

与公司治理的主体相对应,公司治理的客体是指公司治理的对象及其范围。在这里,公司治理的对象包括两重含义,一方面,对经营者的治理主要来自董事会,目标在于保证公司经营管理的恰当性,判断标准是公司的经营业绩;另一方面,对董事会的治理主要来自股东及其他利益相关者,目标在于保证公司重大战略决策的恰当性,判断标准是股东及其他利益相关者投资的回报率。

公司治理对象的范围也就是公司治理的边界,即公司权力、责任以及治理活动的范围及程度。随着国有企业改革的深入,以及中国企业所面临的来自全球竞争压力的增加,打造大企业,建设大型企业集团越来越成为一种趋势。这使得公司治理研究的内容不仅仅包括单个企业内的权利配置问题,同时也需要探讨企业集团中各企业间的利益平衡问题,所以公司治理开始跨越单个企业的治理边界,实现从公司治理到集团治理的突破。

与此同时,中国集团企业国际化进程不断加快,包括中信集团、中国远洋、中石油和中石化等在内的多家跨国企业集团积极活跃于国际资本市场的舞台上。不同国家在政治制度、经济发展水平、社会文化制度、法律制度以及公司监管环境等方面各不相同，跨国集团治理主体也逐渐扩展为包括国外股东、母子公司、关联公司、工会、监管机构、母国政府和东道国政府等在内的多样利益相关者，公司治理边界也开始由集团治理向集团企业跨国治理拓展。

三、公司章程和股权设计

公司治理主体和客体的作用范围受制于公司治理规则，对于股份公司而言，最基础的规则是公司章程和股权设计。《公司法》规定，“设立公司必须依法制定公司章程。公司章程对公司、股东、董事、监事、高级管理人员具有约束力”，“股东会会议由股东按照出资比例行使表决权；但是，公司章程另有规定的除外”，“股东会的议事方式和表决程序，除本法有规定的外，由公司章程规定”。

我们举一个公司章程和股权设计的例子。20世纪90年代末期，在证券市场比较好的条件下，山东有一个青年研发了一个做股票市场分析的软件，并带着弟弟一起开办了一家公司。新成立公司的股权设计如下：哥哥拥有50%的股权，弟弟拥有30%的股权，剩下的20%的股权由财务负责人拥有。由于市场较好，公司经营状况不错，公司发展起来了。随后，弟弟也和财务负责人结婚了。可是公司出事了，起因是哥哥要求弟弟修改公司章程的一个字，将董事长和总经理的任免由多数股东决定改为由多数股份决定。弟弟与财务负责人商量之后不同意。原来多数股东是哥哥和弟弟，现在多数股东是弟弟和财务负责人，并且哥哥是董事长兼总经理，因此如果修改公司章程则无法制约哥哥。最后争端的解决只能由父亲出面。可见公司章程和股权安排的重要关系。

股权怎么设计?为什么30%和35%的股权差别那么大?某集团到内蒙古办企业,为了获得当地的税收等优惠,需要与当地企业联合创办企业。股权安排如下:当地企业占35%的股权,某集团占65%的股权。后来运营过程中,当地股东因自己的正当提案在股东会上被否决,对后来股东会上的所有重要提案都一律投反对票,使之难以通过。因为重要事项要经过三分之二以上股东的表决权才能通过。某集团股东后悔当初让当地股东拥有超过三分之一的股权。由此可见,控股与不控股,控股多少,都存在底线,都与股权设置有着重要的关系。

除了要认识到公司章程和股权设计等治理规则的重要性之外,公司治理规则的建设还需要注意哪些问题?一是要有预见性,对于股权高度分散的现代公司而言,需要在公司章程、股东会规则、董事会规则中事先预备好治理规则的"防盗门",以防止敌意收购。"万科控制权之争"之所以爆发,一个重要原因是大股东在自身强势的时候,没有采取积极的预见性治理行为,在控制权面临威胁时匆忙抛出"毒丸计划"或"金降落伞"等应急措施为时晚矣。

拓展阅读

股权结构

按照股权集中度划分:股权结构分为股权高度集中、股权高度分散和相对控股等三种类型。

股权高度集中是指绝对控股股东一般拥有公司股份的50%以上;股权高度分散是指公司没有大股东,所有权与经营权基本完全分离、单个股东所持股份的比例在10%以下；相对控股是指公司拥有较大的相对控股股东，同时还拥有其他大股东，所持股份比例在10%与50%之间。

二是要合法合规，当公司治理规则的建设超过一定的限度后，也会“过犹不及”。万科事件引发上市公司修改公司章程的浪潮，从2016年年初到8月份，A股市场共有544家上市公司修改公司章程。这说明大家普遍提高了面对敌意收购的预先防御意识。但不能做过了，当防止敌意收购的制度设置由防御不足到过度防御时，自然遭到监管层的质疑。例如，伊利在修订后的公司章程中规定了“投资者持有公司已发行的股份达到3%后，其所持股份比例每增加或减少3%时，需要向董事会通报”等内容，由于与《证券法》和《上市公司收购管理办法》5%的门槛相违背，过度防御而收到了上交所关于修改公司章程的问询函。

四、公司治理结构与机制

公司治理建设作为一项系统性工程，就像盖一栋大楼，有了基础以后就要去“搭架子”，也就是搭建基本的公司治理结构。公司治理结构主要包括股东大会、董事会、经理层以及监事会等内容，这些内容使公司治理“有形”。

我们可以看到，中文关于公司治理的称谓有很多，像法人治理结构、公司治理结构，而英文中“Corporate Governance”是没有“结构”一词的。为什么中文中偏偏加上结构二字呢？这是因为，中国在公司治理改革之前的很多年是没有股份公司的，所以要建立公司制首要前提是建立治理架构，这样才有的“法人治理结构”、“公司治理结构”。比方说，我国的中央企业一部分是按照企业法人注册的，一部分是按照公司制的要求注册的，按照公司制要求注册的中央企业就要建立股东会、董事会等法人治理结构。

公司治理结构都有什么样的功能呢？以中国的公司治理结构为例，股东大会是股东行使权利的机构；董事会一方面负责公司的重大经营决策，选聘经理人员经营公司并使股东的资产增值，另一方面通过监督经理人员的行为，防止其损害股东利益；监事会对董事会、经理层进行监督，并对股东大会负责。

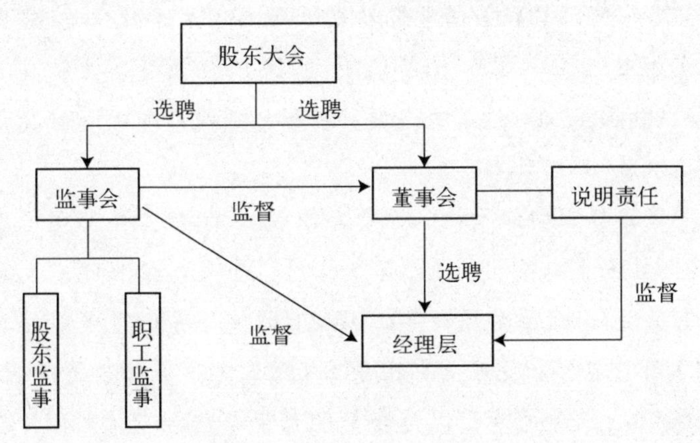

常见的公司治理结构（以中国为例）

拓展阅读

董事会的结构

董事就是董事会的成员，由股东会选举产生。董事长是由董事会任命，通常由较高等级的董事担任。董事长的角色可能存在很大的差异，它可能仅仅是一个名誉的职位；也可能是董事会中最重要的人物，负责整个董事会的运作。

董事按照其与公司的关系可分为执行董事和非执行董事(独立非执行董事是它的一种特殊形式)。执行董事执行业务并从事内部经营管理，一般是公司内部人士，所以又被称为“内部董事”。他们一般关注公司发展，对公司业务和行业背景极为了解，能够为董事会提供重要的决策信息，但是往往受到环境限制，容易为了切身利益而忽视公司整体的长远利益。非执行董事一般由其他公司执行董事或前董事担任，大都具有丰富的专业知识、其他行业或公司的经验和相对独立的判断力，能够促进公司从整体和更加长远的角度考虑问题。独立非执行董事简称独立董事。对于独立董事，各国实践中的解释相当自由，其共同点是：独立董事应该具有超然独立的地位、独立的态度和判断。非执行董事和独立董事又统称“外部董事”。

董事会由职能细化的委员会组成。我国《上市公司治理准则》第五十二条指出，上市公司董事会可以按照股东大会的有关决议，设立战略、审计、提名、薪酬与考核等专门委员会。专门委员会成员全部由董事组成，其中审计委员会、提名委员会、薪酬与考核委员会中独立董事应占多数并担任召集人，审计委员会中至少应有一名独立董事是会计专业人士。按照该准则的要求，我国上市公司 2002 年后董事会专业委员会设置比重开始增加，董事会专业委员会设置比重的增加，有助于充分发挥董事会的治理作用。

公司治理结构远不能解决公司治理的所有问题，有效的公司治理不仅需要一套完备的治理结构，更需要若干具体的超越治理结构的公司治理机制。因此，公司治理建设除了要“搭架子”，还需要在框架结构的基础上进行“安门窗”等精美装修，也就是我们所说的公司治理机制建设。

公司治理机制不仅包括一系列通过证券市场、产品市场和经理市场来发挥作用的外部治理机制，如公司法、证券法、信息披露、会计准则、社会审计和社会舆论等，还包括一系列通过内部治理结构起作用的内部治理机制。

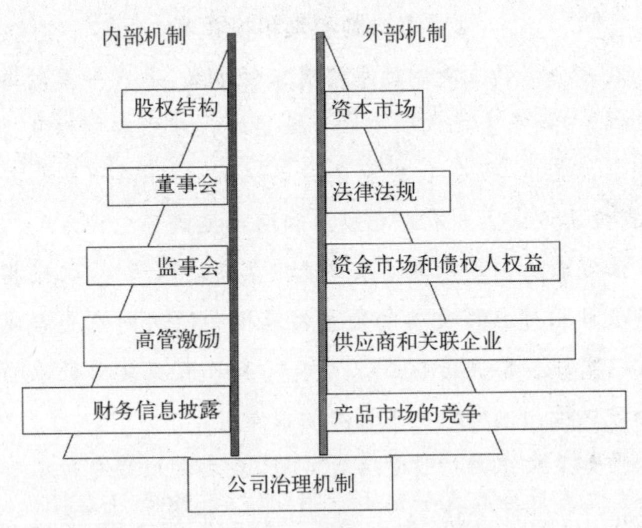

公司治理机制建设

公司的“公”代表产权多元化，正如台湾学者认为英文的Corporate 翻译为公司，而不是私司。正因为如此，现代公司要求多个出资人、多个股东都要参与治理，发挥作用。我国的企业改革在向现代公司转变的过程中，特别注重通过公司治理机制的设计提高中小股东参与治理的积极性。

股份制改革以后，我国大多数企业实现了向多元产权的蜕变，但企业改革实行的是“抓大放小”的改革战略，致使“一股独大”的股权结构在长期内难以解消。企业治理改革下一步该怎么走？实践界和学术界在对企业改革“改比不改好”的认识上达成共识。在国有股“一股独大”的背景下，学术界以及监管部门开始探讨引入累积投票等公司治理机制，提高中小股东参与公司治理的治理效果。

拓展阅读

法定表决制和累积投票制

股东会议的表决制度主要有三种方式：一人一票的举手表决制，由股东委托代理人代为投票的代理投票制以及投票表决制。其中，投票表决制又分为法定表决制和累积投票制，在投票方式上又有现场投票和网络投票等几种方式。

法定表决制是指当股东行使投票表决权力时，必须将与持股数目相对应的表决票数等额地投向他所同意或否决的议案。累积投票制是指股东可以将有效表决总票数以任何组合方式投向他所同意或否决的议案。

譬如某股东的持股量为 100 股，表决的议题是选举 5 个董事：

法定表决制度规定，一股股票享有一票表决权，有效表决票数等于持股数目与法定董事人选的乘积，这样，该股东的有效表决票数就等于 500(100×5)，该股东必须将有效表决总票数分成 5 份等额地投向他所选定的每一董事，即他所选定的每一董事都从他那里获得 100 张选票。

累积投票制则规定，该股东的有效表决总票数是 500，但他可以以任何组合方式将有效表决总票数投向他所选定的董事，譬如将500票一并投在一个董事的名下，以400票和100票的组合方式投在两个董事的名下，以300、50、50、50、50票的组合方式投在五个董事的名下等等。

法定表决制对控股股东绝对有利。第一大股东的持股比例一旦达到50%以上，便可绝对操纵董事人选，可绝对控制某项议案的通过和否决权，其他股东不论其持股比例高低都只能任由第一大股东摆布。

与法定表决制相比，累积投票制既可以充分调动中小股东行使投票表决权的积极性，并在董事会中谋得一个或几个董事席位，借以提高自己在公司决策过程中的参与和影响力，提高公司决策民主化的程度，同时也可以降低大股东的控股位势，弱化其在股东会议决策过程中的控制和干预作用。

为了保护中小股东权益，2002年我国证监会颁布的《上市公司治理准则》规定："控股股东控股比例在30%以上的上市公司，应采用累积投票制。采用累积投票制度的上市公司应在公司章程里规定该制度的实施细则。"

由于公司治理机制的薄弱，我国集团企业在国际化进程中遭遇运营风险的问题也日益凸显。如2004年中国航油集团新加坡公司由于监督缺位所致的巨大亏损、2005年联想集团收购IBM的PC业务之后经历的文化及组织整合阵痛、2010年中国首钢集团秘鲁铁矿海外子公司遭遇工会罢工，以及在美上市企业中国人寿2004年、新浪网2005年、阿里巴巴2015年相继遭到美国股东的集体诉讼等。这些问题集中反映了集团企业跨国经营、跨国并购以及境外上市中治理机制的重要性。针对这些问题，学术界和实践界也在探讨如何构建有效的跨国治理机制以提高企业的跨国经营能力。

为了进一步加深读者对公司治理的理解和认识，我们将向读者介绍国美的案例及其对公司治理的启示。

治理案例

国美"黄陈之争"及其对公司治理的启示

2004 年，国美在香港借壳上市。2008 年 11 月黄光裕涉嫌经济犯罪被拘。国美电器 2010 年 1 月于香港联交所发布公告称，黄光裕正式辞去国美集团包括国美控股及其子公司的董事职务，由陈晓出任国美董事局主席。2010 年 5 月，黄光裕一审被判有期徒刑 14 年，罚金 6 亿元，没收财产 2 亿元。

1. 国美经理团队的系列"去黄光裕化"运动

2009 年 6 月，国美引进外来资本，贝恩注资 32 亿港元，获得 18% 国美股份。这对于一直面临资金压力的国美来说，可谓雪中送炭，但黄光裕的股份却被稀释。2009 年 7 月，国美电器公布股权激励方案，涉及总计 3.83 亿股股份，总金额近 7.3 亿港元。此举使得国美高管团队更加稳定，陈晓的号召力也随之增强。2010 年 6 月，陈晓表示，从董事会来看，有能力应对黄光裕带来的任何危机和挑战，可以通过增发稀释其股份让其出局。

2. 黄光裕和经理团队的矛盾冲突

黄光裕2008年被羁押之后，他曾通过其律师多次给国美董事会和管理层发出指令，通过强调其个人在国美的地位，希望国美将其个人的作用与企业生存发展相捆绑，要求国美采取有利其个人和减轻其罪责判罚的措施。不过，方案没有被接纳。2009年7月，国美推出了对全国总监级以上核心骨干105名高管团队的期权激励方案，黄光裕得知期权激励方案后，再次表现出了对董事会的不满，并要求董事会采取措施，取消期权激励，但他的意见再次没有被采纳。2010年5月11日，在国美电器召开的股东周年大会上，黄光裕夫妇在12项决议中连续投了五项否决票，包括委任贝恩投资董事总经理竺稼等三名前任董事为非执行董事的议案。以董事局主席陈晓为首的国美电器董事会表示，投票结果并没有真正反映大部分股东的意愿，而且将导致国美必须向贝恩资本支付3.52亿美元，在当晚董事局召开的紧急会议上一致否决了股东投票，重新委任贝恩的三名前任董事加入国美董事会。黄光裕与国美董事会及管理层矛盾公开化。

现任董事局主席陈晓2010年8月4日晚间7时30分收到黄光裕代表公司的要求信函，要求召开临时股东大会撤销陈晓董事局主席职务、撤销国美现任副总裁孙一丁执行董事职务，同时提名黄光裕的胞妹黄燕虹及中关村副董事长邹晓春进入董事会。陈晓迅速回击。国美于2010年8月5日向香港特别行政区高等法院，针对黄光裕于2008年1月及2月前后回购公司股份的行为正式起诉，并追偿由上述行为导致公司所遭受的损失。国美董事会还称，已经做出决议，坚决反对黄光裕的“重新组阁”要求。

2010年8月18日，黄光裕发布至全体国美员工的公开信指出，“陈晓竟然不顾基本的公司治理原则，强行否决国美股东周年大会的决议，在舆论上还混淆视听，反过来指责大股东不顾国美死活！这是陈晓利用大股东的特殊情况意图控制国美的第一步棋”。

3. 大股东的强势回归

2010年9月16日，赶在国美股东大会的最后关头，贝恩资本发布债转股公告。贝恩资本持有的15.9亿元人民币债务投资通过转股，占国美股份9.98%，成为国美第二大股东。同时，黄光裕家族的股份被摊薄至32.47%。2010年9月28日，国美电器特别股东大会投票结束。国美大股东黄光裕提出的5项议案，除了撤销配发、发行和买卖国美股份的一般授权获得通过外，另外撤销陈晓、孙一丁的董事职务，及委任邹晓春和黄燕虹为执行董事的提案均未能通过。

2010年11月10日，国美公司发布公告，称国美大股东黄光裕持有的Shinning Crown订立谅解备忘录，建议委任邹晓春担任公司执行董事，黄光裕之妹黄燕虹担任公司非执行董事，将董事会人数由11人扩大至13人。陈晓为主席的董事会方表示，欢迎大股东无意终止国美集团的上市部分和非上市部分门店之间订立的任何现有集团内协议，并继续遵守协议。

2010 年 12 月 17 日,国美电器第二次特别股东大会投票结束,“将许可的本公司董事最高人数从 11 任增加至 13 人”,“即时委任邹晓春作为本公司的执行董事”,“即时委任黄燕虹作为本公司的非执行董事”等三项提案均获通过。大股东在董事会中的合法席位得到体现,双方承诺合作,共同打造更具营利性的公司。

2011 年 3 月 3 日,香港证监会发布公告,同意法院解除对黄光裕妻子杜鹃的临时强制令,杜鹃可动用其约 83 亿港币的股票资产。在现实的利益面前,贝恩资本选择了抛弃陈晓,2011 年 3 月 10 日,陈晓辞去董事局主席、执行董事及授权代表职务;孙一丁辞去执行董事职务,但保留公司副总裁之职;原大中电器创始人张大中出任董事会主席,但并不担任执行董事。

2014 年 3 月 11 日,香港证监会公告表示:国美电器前董事会主席黄光裕及其妻子即国美前董事杜鹃与香港证监会达成协议,同意向国美赔偿 4.2 亿港元,以补偿他们违反董事责任给股东带来的损失。香港证监会表示,补偿完成后,证监会将搁置法律程序,不会再就该案件采取进一步行动。

——据《国美控制权之争》,MBA 智库百科

从公司治理的视角来看,国美案例是经理层与大股东控制权之争的标志性事件,是阳光下公司治理较量的一个典型案例,凸显了公司章程、公司治理结构及机制建设等方面的重要性。

首先,外部治理机制的持续改善为控制权之争提供了权利保障、程序公平、理性博弈的制度环境。一方面,黄光裕尽管身陷囹圄,但其合法的大股东权利依然能够得到行使;另一方面,双方在基本的“公司治理合规”的前提下,充分利用

治理规则,进行阳光下的较量。诚然,这与国美在海外上市以及遵循香港国际化的治理规则有关,但凸显外部治理机制改善的重要性。

其次,企业要注重公司章程建设,谨防股东大会给予董事会过多授权的风险。国美事件的导火索是大股东在股东大会的反对票导致贝恩资本的三名董事退出董事会,并且已经形成股东大会决议。随后,董事会否决了股东大会的决议。国美董事会之所以能够推翻股东大会的投票结果,来源于公司章程中股东大会给予董事会的过多授权,包括以各种方式扩大股本,定向增发以及对管理层和员工实施各种期权、股权激励等。公司可以在特殊情况下赋予董事会特别授权,但不能让这种权力配置成为常态。

最后,企业要注重股权结构的优化,以此来提升内部治理机制的系统效能。黄光裕的持续套现使其在国美电器的持股比例由 75%下降至 34%,以最大的偏离度来获取最优的终极控制权的意图已经比较明晰。然而,这种在欧美国家相对流行的做法是以治理机制相对成熟、股权相对分散为前提的。当前阶段的家族企业所面临的整体治理环境的成熟度还不足以支撑这种股权控制方式的相对制衡。

通过前文的分析,我们可以概括出公司治理的含义。狭义的公司治理是指所有者,主要是股东对经营者的一种监督与制衡机制,即通过一种制度安排,来合理地配置所有者与经营者之间的权力与责任关系。广义的公司治理是通过一套正式或非正式的、内部或外部的制度或机制来协调公司与所有利害相关者之间的利益关系,以保证公司决策的科学化,从而最终维护公司各方面的利益。

第二节　公司治理的新进展:网络治理

伴随着网络信息技术的发展,技术网络、组织网络和社会网络深度融合,催生了互联网金融等新兴商业业态,在对传统治理造成冲击的同时也为公司治理提供了新的手段,启发了对商业模式创新进行有效治理的思考。这些都要求公司治理从传统治理向网络治理发展,本节就向读者介绍网络治理的主要内容。

一、从网络到网络治理

网络组织是公司边界拓展的产物,因而网络治理也是对公司治理的拓展。

中国本身就是关系社会。我们原来讲网络,主要是社会关系网络,包括企业组织间的关系网络。现在讲网络,则主要是技术网络、社会网络和组织网络的三网深度融合。在企业现实的运作过程中,技术网络、组织网络和社会网络并不是相互独立的,而是相互融合的。技术网络基础上的信息流是网络组织的血液,带给网络组织营养与能量,企业网络组织以及公司治理的健康发展需要技术网络来支撑信息的流动;企业网络的形成、结构和机制受到组织中个体之间社会网络关系的影响;以互联网为核心的技术网络的发展也改变了个体社会网络关系的表现形式和治理方式。

“网络”既可以作为工具,也可以作为对象。与之相对应,"网络治理"既可以作为"治理"的工具,例如用"技术网络"对规制对象进行治理,用网络结构和流来改变网络关系;同时也可以充当"治理"的对象,即对"网络"这一系统的治理,比如对战略联盟网络的治理、对集群网络的治理等。

于是,我们得出网络治理的两条路线:一是利用网络进行公司治理(网络作为公司治理的工具),二是对网络组织进行治理(网络组织成为治理行为的对象)。

拓展阅读

网络治理的概念和内涵

1990 年,鲍威尔(Powell)从组织网络角度,最早提出市场、企业与网络三分法,并将网络看作是一个独立交易模式。

1993 年,拉松(Larsson)对鲍威尔的理论进行了发展,提出了著名的"握手"观点,指出科层是"看得见的手",市场是"看不见的手",网络组织模式的协调则是两者的"握手"。

1996 年,威廉姆森(Williamson)基于交易费用理论,在其《治理机制》一书中,比较了企业、市场与网络的区别,"网络"概念的发展催生了"网络治理"这一新型治理模式。

1997 年,琼斯(Jones)等提出网络治理是一个有选择的、持久的和结构化的自治企业(包括非盈利组织)的集合,这些企业以隐性(Implicit)契约或开放式(Open-ended)契约为基础从事生产与服务,以适应多变的环境,协调和维护交易,并进一步指出这些契约是社会性联结而非法律性联结。他们同时认为资产专用性、交易频率、环境不确定性与任务复杂性共同构成了网络治理的理论基础。

1997 年,阿尔斯蒂尼(Alstyne)从计算机科学、经济学和社会学三个理论学科角度阐述了网络组织的不同特点。

2003年，李维安等提出网络治理有两条路线：利用网络进行治理和对网络组织进行治理。此后，网络治理的相关研究基本沿着这两条线路展开。

二、利用网络工具进行治理

信息技术推动了公司治理向网络治理的发展，利用网络投票、公司治理信息系统等网络工具进行治理，改变了中小股东及其他投资者在公司治理中的地位，给公司治理带来新的生机与活力。网络投票就是利用互联网技术进行公司治理表决权配置和实施等方面的治理实践，我们重点以网络投票为例介绍网络治理的发展。

我们知道，公司重大决议需要由股东在股东大会上投票通过。例如，我们实施股权分置改革的时候就需要经过股东大会决议。但当时很多公司的股东大会，中小股东出席的往往就三五个人、有的甚至只有一个人。中小股东作为弱势群体，为什么不积极参加股东大会？特别是在自身合法权益受到侵害的时候？后来通过调研发现，主要是参与治理的成本太高，有些中小股东不能接受。比方说，有的中小股东人在厦门、公司所在地在新疆，股东大会要在新疆召开，中小股东就会觉得来回的差旅费、住宿费等费用太高，严重影响了他们参与治理的积极性。

后来我们导入了网络投票，但那时的网络投票手段尚未建设与完善，仓促之间采用了基于交易所交易系统的网络投票手段。交易所交易系统的一个特点是没有“同意、反对、弃权”等选项，看不到投票的表决议案，只能通过“股票代码、申报价格、买入股数”等数字来代替，导致投票不方便，也容易出错，这却是网络治理的一个进步。

交易所交易系统网络投票的具体规定

字段	含义	说明
股票代码	投票代码	上海证券交易所为上市公司股东大会网络投票设置专用投票代码；深圳证券交易所主板、中小板的投票代码为36＋股票代码后4位、创业板的投票代码从‘365000’起，按股票代码后四位顺序号编制
申报价格	议案序号	1元表示第1项议案，2元表示第2项议案，依此类推。
买入股数	表决意见	申报股数用来代表表决意见，申报1股代表同意，申报2股代表反对，申报3股代表弃权；采用累积投票制的议案，申报股数代表选举票数。

而后，互联网投票平台出现了，很好地解决了之前的问题。2014年5月9日，国务院发布了《关于进一步促进资本市场健康发展的若干意见》(简称新国九条)，新国九条规定要“完善公众公司中小投资者投票和表决机制”，为上市公司股东大会全面采用网络投票方式提供了政策性指导。

网络投票方式为中小股东积极参与公司治理提供了便捷的渠道，中小股东积极参与股东大会，有时候就可能取得惊人的维权效果。下文的治理案例中，在ST东热的股东大会上，中小股东就借助网络投票方式，成功叫板大股东，否决了大股东的非合理的议案。

治理案例

ST东热中小股东叫板大股东

2012年12月7日，ST东热的良村热电二期项目遭遇来自个人投资者的群起抵制,导致该议案未获通过。孰料,引发议案未通过的原因竟是股东大会的网络投票结果。

ST 东热的良村热电二期项目为何引起中小股东的质疑? ST 东热此前公告称,良村热电二期为合资项目,公司拟以现金出资 6329 万元,出资比例 49%;中电投河北电力有限公司作为其控股股东的托管方以现金出资 6587 万元,出资比例为 51%。ST 东热称,这一关联交易可以有效巩固并扩大公司市场份额,并增加投资收益,同时有助于分流安置部分员工,提高生产经营效率。

中小股民则表示质疑,一方面 ST 东热此前的债务重组和土地处置迟迟没有结果,导致大多数中小股东的不满;另一方面高达数千万元的投资方案难以服众,一位中小股东就指出,"良村热电 2012 年度发电量计划达 37.41 亿千瓦时,机组利用小时数合计 6235 小时,超计划完成全年营销任务,这已经是多方争取努力的结果了,如何保证二期机组利用小时数达到 7000 小时,保证 17%的收益?"

借助网络投票方式,良村热电二期项目的议案未获通过,使以往传统投票方式下大股东经常绑架中小股东意愿的情形得以逆转。

公告显示,本次股东大会采取现场投票与网络投票相结合的方式。其中,出席现场的股东及其代理人仅有 2 人,持有股份达 8103 万股,持有 8000 余万股的东热集团回避表决。通过网络投票的股东有 100 人,代表股份为 1104 万股。最终投票结果为,赞成票 287.52 万股,占出席会议有表决权股份的 23.82%;反对票则高达 919.71 万股,占比 76.18%,

以绝对优势否决了良村热电二期项目。

如果使用传统投票方式，就会出现持有103万股份的非关联大股东绑架股东意愿的结果。而导入网络投票方式，中小股东积极参与投票，维护了中小股东的合法利益。

——据《ST东热投资项目遭否 中小股东"叫板"大股东》，2012年12月7日东方财富网

三、对网络组织进行治理

1. 集团企业网络治理

随着企业不断做大做强，企业集团、跨国企业集团等组织形式的出现对公司理论和实践提出了更高的要求。集团企业网络如何治理？

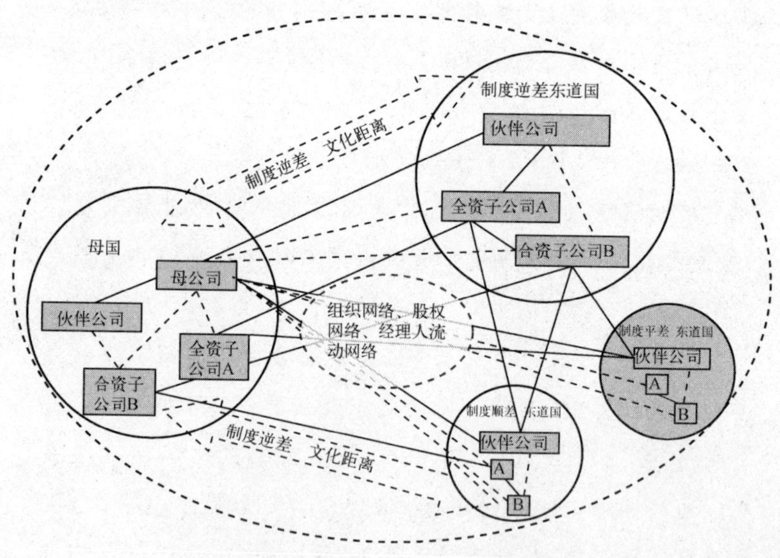

集团企业跨国治理网络

集团内部的母公司和子公司分别有各自的法人治理结构并行使治理职责,同时集团企业本身又构成了一个统一的治理机制运作系统,母公司、子公司以及关联公司之间由于业务、资金和人事等方面的联系,形成了股权网络、经理人流动网络和连锁董事网络等治理网络。可见,集团企业网络治理不仅要关注内部股权配置、高管激励和约束等问题,还要关注集团整体网络的股权控制关系、经理人流动以及董事派驻和协调等问题。更进一步,企业集团跨国运营使得集团企业网络治理更加复杂,除了上述因素外,还需要考虑集团企业母国和东道国的关系网络。

2. 电商企业网络治理

像淘宝这样的网络型组织,虽然是借助社会信用缺失的契机发展起来的,但作为第三方交易平台,本身却也存在线上假货等信用缺失的问题。“店小二”收取了好处之后,帮助商家刷信誉、删差评,这类情况不公开、不处理,违规行为总有一天会被发现,公开处理又怕损失自身的信用。可见,电商企业网络治理既面临着平台的治理,也面临着组织内部的治理。

治理案例

“店小二”违规与网络型组织治理

电子商务随着网络技术的发展而兴起。电子商务不仅是“水泥加鼠标”(物流+信息流),还需要信用。计划经济时期依靠行政命令强化信用机制,在向市场经济转型时期,行政命令的信用机制暂时缺位,而依靠市场的信用机制尚未完全建立,所以导致后来的“三角债”时期,社会特别缺信誉。

在这种情况下，大家普遍认为由于信用缺失将使中国电子商务的发展“先天不足”。

然而，阿里巴巴等电商却从信用缺失中看到了商机，通过新业态的变革发展起来。中国的信用劣势成为了优势，通过第三方支付的业态变革出现了阿里巴巴这样的电商公司。

淘宝“店小二”，是阿里巴巴内部及淘宝商家对淘宝系工作人员的统称。随着淘宝系交易量的逐年攀升，“店小二”手中的权力被逐步放大，他们掌握着数以千万计商家从开店到提高业务量的“生杀大权”。

原本用来构建阿里巴巴信誉体系的信誉规则，却成为“店小二”用来牟取利益的平台。

作为第三方的淘宝，会对店铺的进行信用评级，这种虚拟的信誉级别代表卖家的经营业绩和诚信度，信誉度越好搜索越靠前，则越容易带来流量。淘宝信用评级一共分为 20 个级别，分别为“星”、“钻”、“皇冠”和“金冠”，每一个类别有五个级别，总共 20 个级别。

为了刷信誉，专门出现了以刷信誉为主并寄生于“店小二”的公司，此类公司竟然明码标价，例如，某家专业公司做活动，推出“1 钻 100 元，200 元买 2 钻送 1 钻，300

元买3钻送2钻，450元皇冠+送一套装修，900元皇冠+装修+推广，另外，收藏1万次是100元”这样的价格。

上述公司基本上都是全人工刷钻，与全国不同IP的会员进行交易，可以从技术上避免被查封、被封店。除了全人工刷钻，还有软件刷钻，软件刷钻的速度更快，最快两三天就可以刷出一个皇冠。

买家和卖家的所有交易在淘宝后台均可查到，之所以没有人查，主要是因为“店小二”的睁一只眼闭一只眼。

除了信誉，商家和顾客还看重好评率，由此催生了“职业差评师”这一黑色产业链。职业差评师经常是同时拍下七八个产品，给差评，“拍宝贝—给差评—删差评”一条龙，差评只要生效了，删一条就要200元左右。职业差评师的背后是“店小二”，能确保删掉差评，“店小二”也会从中牟利。

诸如刷信誉和删差评这样的行为盛行，淘宝网就难以避免虚假交易，网络治理成为一个亟待攻克的课题。

——据《商业案例之淘宝腐败黑幕调查：水究竟有多深》，2012年5月4日腾讯网

传统的公司治理模式是垂直型的委托——代理关系，从股东大会到董事会再到经理层，谁委托、谁代理，关系都非常明确，但对于电商等网络型企业呢？阿里巴巴作为典型的网络型组织，信息技术的结构嵌入直接影响到企业的权力配置，信息技术的价值创造在很大程度上取决于拥有技术的主体。因而沿用传统的治理模式，无法保证对管理层的有效激励，这使得“合伙人提名多数董事”的扁平化的网络治理模式应运而生。阿里巴巴在美国上市就是采用的“合伙人制”，由

一批核心高管组成的合伙人来提名董事会中的大多数董事，而不是按照"同股同权"的原则分配董事提名权。

治理案例

阿里巴巴的"合伙人制"与网络治理模式创新

阿里巴巴在2013年1月份就开启上市进程，从架构调整的准备工作到向港交所提出上市申请，再到被港交所拒绝，上市历程可谓一波三折。

2014年3月16日，阿里巴巴宣称启动在美上市事宜。2014年9月19日，阿里巴巴正式登陆纽交所，在美上市成功。

在港交所上市遇阻和在美上市，核心问题都在于"合伙人制"。马云提出的"合伙人"制度是在公司章程中要求设置提名董事人选的特殊条款，即由一批核心高管组成"合伙人"，来提名董事会中的大多数董事人选，而不是按照持有股份比例分配董事提名权。阿里巴巴的合伙人制度本质上类似给予马云等合伙人控制权优先股。但任何权利都是对称的，正如现行的优先股制度要求获得收益权优先时需要让渡控制权，马云等要求控制权优先的机会，就应该在收益权上也有所放弃。

为什么马云要提出"合伙人制"？为什么马云等人在并未让渡收益权的情况下，雅虎、软银等大股东没有对合伙人制度提出异议？

深层次原因在于：网络技术的发展推动了网络治理模式的发展。在网络经济时代，阿里巴巴等网络高科技公司的知识和技术是其最重要的稀缺资源,在这种网络组织中,控制权对技术持有者至关重要,是技术能够自由流动、使用和发挥应有效果的保障。沿用“垂直化”治理模式,无法保证对技术持有者的有效激励,难以保持企业发展所需的持续动力。因而对于网络组织来说,“垂直化”治理模式已经不再适用,需要向“扁平化”治理模式发展。

“合伙人制”适应了网络治理模式的发展趋势,既能够确保以技术核心为主的管理层在治理链条中的核心位置,又有助于为雅虎、软银等股东创造价值。

——据李维安,《阿里上市与网络治理模式创新》,《南开管理评论》2014 年第 2 期

四、移动互联网强化网络治理

移动互联网从 PC 到智能终端,再到可穿戴设备,发生了很大的变化。“任何时间、任何地点、任何对象、任何方式”成为人们信息交流的新方式;“地理位置信息”能够帮助企业实现“随时随地”的管理;用户年龄分布越来越分散化,覆盖的人群越来越多;移动互联网传播信息更快、更及时、更便捷,可以实现信息主动推送和关键词检索;朋友圈互动密切,影响日深。这些变化都对公司治理产生重要影响,强化了网络治理。

第一,利益相关者的外延逐渐改变,传统的利益相关者向移动互联网时代的利益相关者转变。

我们知道,公司传统的利益相关者包括股东、员工、顾客、供应商、政府、社区以及金融机构等诸多方面。而随着移动互联网的发展,网民人数骤增,博客、微博和微信的影响力

越来越大，诸如潘石屹、史玉柱等企业名人拥有众多“粉丝”，使得移动互联网络群体及社会化媒体逐渐成为公司外部治理的关键主体。

原来的利益相关者我们看得很清楚，点对点、面对面，而在移动互联网的作用下，网络媒体和社会化媒体变得更加分散。虽然分散，可他们影响巨大，一旦发力就可能直接或间接影响着公司市值变化。例如，在移动互联网时代的利益相关者的作用下，双汇火腿肠和康师傅地沟油谣言事件导致双汇和康师傅股价持续下跌，可我们再去找这些利益相关者时，却变得相对困难。这要求我们不仅要关注这些利益相关者，而且要更多地运用网络治理工具对其治理。

治理案例

双汇火腿肠和康师傅地沟油谣言事件

2014年6月以来，《火腿肠还敢吃吗？实在太恐怖了，求扩散》、《双汇第二季度出现亏损，股价要跌破25元》等谣言在微信、贴吧等互联网平台快速传播。

据双汇公司的公告称，上述言论通过微信公众账号和多个个人账号大肆传播。而传播的内容，实则是有人移花接木，把国外企业对猪、羊、马等动物尸体进行搅拌、粉碎等无害化处理的画面，配上火腿肠的生产过程画面，制作成视频，并人为加上双汇的部分产品图片。此外，双汇还发现一个归属于深圳聚华商科技有限公司的微信号，在6月20日、7月12日对同样的内容进行过两次发布和传播，而该公司主要从事互联网营销和成功学推广。

无独有偶，2015年8月以来，一段“台湾良心导游向大陆游客揭露康师傅惊天内幕"的视频在网上疯狂传播,2分41秒的视频在几天内的影响就超过300万人次。之后,"康师傅在大陆使用的馊水油是台湾的56倍"的消息一出,更是让康师傅陷入舆论漩涡。为了应对上述突发状况,康师傅8月7日发布《2013年—2015年康师傅油脂使用状况报告》,并准备就造假事件提起诉讼。

——据《微信账号虚假信息大肆传播 双汇辟谣 火腿肠还能吃吗?》,2014年7月21日新华网

第二,降低了治理成本,传统的投票方式向移动互联网络投票方式转变。

从传统投票方式到互联网络投票方式的转变,大大降低了治理成本,提高了中小股东的治理参与度。根据南开大学中国公司治理研究院发布的《2016年中国公司治理评价报告》,2016年除1家上市公司外,所有其他上市公司的股东都可以通过网络投票方式参与公司治理,网络投票得到了全面普及。越来越多的中小股东开始通过计算机,借助互联网充分表达自己的股东诉求。

随着移动互联网技术的发展,更为便捷的智能终端——平板电脑、智能手机等网络投票平台也陆续出现,中小股东参与治理更加"随时随地"。2004年,日本第一大移动运营商NTT DoCoMo的年度股东大会,便允许其321000位股东通过该公司因特网移动电话进行投票。2005年,日本住友信托银行推出手机参加公司股东大会投票服务;中国台湾集中保管结算所设立的"股东e票通APP"上线运作,这是全球首个APP版股东投票平台。

第三，信息自披露得到加强，治理链条的信息不对称弱化。

移动终端的便捷性促进了信息的易得性与互动性，信息、情感等交互方式变得更加丰富，数据的发布与共享更加多样化，使得大股东与中小投资者之间、股东与高管之间的信息更加透明，减弱了治理链条上的信息不对称程度。

在公司内部，股东可以更全面地了解公司的运营状况，高管收入也更加公开化，降低了公司内部的代理成本；在资本市场，投资者了解到的公司信息内容更加丰富、方式更加快捷，有利于更好地保护外部投资者利益。

治理案例

云南白药通过微信公众平台强化网络治理

2014 年 4 月，云南白药专门的微信公众服务平台——“白药微启”开通运行。除向社会提供一个交流沟通的平台以外，还提供公司运营方面最新、最前沿的内容。白药微启提供的内容涵盖信息披露、投资者关系、业务答疑、员工服务、运营互动、产品介绍及项目咨询分享等诸多板块。投资者通过手机微信关注“白药微启”，通过发送微信的方式向公司预约调研、提出问题及建议，而云南白药公司也会有顾问团队及时为投资者做出解答。

白药微启运营团队表示，希望通过白药微启的服务及所搭建的平台，及时将公司的最新资讯及各类健康产品传递给客户，努力吸引消费者变为投资者、吸引投资者成为消费者，实现与关心支持白药的伙伴们携手共赢。

——据《云南白药投资者关系管理微信平台开通“白药微启”获好评》，2014 年 4 月 13 日中国证券网案例中,云南白药通过微信公众服务平台,将大数据应用于公司治理,主动降低信息不对称程度,是移动互联网时代更好地适应投资者和顾客这两个“上帝”的有益尝试。

第四,公司治理进入“大数据”时代,“精准治理”作为新的治理手段出现。

伴随着博客、微博和微信的影响力不断扩大,顾客和投资者意见成为企业信息传播的“大数据”,企业若不及时主动地披露信息、不关注大数据,自媒体的负面信息甚至恶性信息,就有可能对企业真实的正面信息产生排异作用。

上述治理风险的增加也并非无解,因为这些网络和社会化媒体的活动具有相应的网络痕迹。企业通过对海量的大数据进行挖掘、分析,便于分析顾客和投资者的一系列变动规律,进而识别各主体间的关联性,有助于更好地处理多元利益相关者的利益关系,实现精准治理。例如,美国 Miller Coors 公司已经在供应链的领域开展以大数据为基础的精准治理活动。

治理案例

美国 Miller Coors 的精准治理

大数据让我们能够由下而上更为细致地管理整个系统,就打造更具弹性的供应链而言,这是好事。通过配置信息技术来使数据分析和情境模拟的能力最大化,从而确认对应的回应动作,并将其预先编制到程序中会起到重要作用。同样重要的,是将公用数据与供应商提供的数据相结合,从而发现最大的威胁。

使用大数据来绘制供应链映射图,使数据颗粒尽可能细小且实时性尽可能高，是一种简单却十分有效的战略。美国 Miller Coors 试点的可持续发展联盟“商品映射创新计划”将农作物数据、采矿业数据和来自于全球适应指数、原著民权利风险报告及其他相关来源的数据相结合，创建出了一份可追溯概率极高的材料供应链映射图。

借鉴此类方式，可以帮助物流公司分析供应链上的一系列变动规律，实现供应链精准治理，及早发现风险，从而打造更具弹性的供应链。

——据《全球供应链面临的系统性威胁》，2014 年 7 月 14 日凤凰网

2015 年，我国网信办宣布将全面推进网络真实身份信息的管理，以“后台实名、前台自愿”为原则，对包括微博、贴吧等均实行实名制。后台实名为移动互联网时代的“精准治理”提供了更加便利的条件。

第三节　中国公司治理改革：困境与出路

经过股份制改造、治理结构构建和治理机制建设等阶段的改革之后，中国的公司治理得到不断完善与发展。但伴随着内外部环境的变化，中国公司治理在深化改革的过程中，又重新遭遇了许多困境，这些困境是什么？若想克服这些困境，中国公司治理改革未来的出路在哪里？

一、中国公司治理改革的困境

目前来看，中国公司治理深化改革主要有以下四大

困境。

1. 行政型治理部分回潮

伴随着市场化改革的不断深化，围绕着治理结构构建、治理机制建设等内容，我国公司治理的硬件已经基本齐备，公司治理水平整体呈上升态势，公司治理质量大幅提升。然而，我们同时也应该看到，尽管公司治理建设进步明显，但公司治理行为的行政化问题依然严重，影响公司治理质量的进一步提升。

为了加强监管、指导投资、强化信用与诊断控制，南开大学中国公司治理研究院研制了中国上市公司治理指数(CCGI)，该指数自2003年起至今已经连续发布了十四年，被誉为上市公司治理状况的“晴雨表”。十余年里，公司治理水平整体呈上升态势，平均值从2003年的48.96提高到2016年的62.49，公司治理建设取得了明显成效。分控股股东性质看，继2011年之后，民营控股上市公司治理指数连续6年超过国有控股上市公司。这一数据表明，由于行政型治理部分回潮，民营控股上市公司的治理表现要优于国有控股上市公司。

拓展阅读

中国上市公司治理评价

由南开大学中国公司治理研究院研发的中国上市公司治理指数被誉为上市公司治理状况的“晴雨表”。中国上市公司治理评价工作从1999年开始，历经四个阶段，已经连续十四年对外发布《中国公司治理评价报告》，在国内外产生了重要影响。

第一阶段:研究并组织制定《中国公司治理原则》。

1999 年,南开大学中国公司治理研究院进行了公司治理原则的国际比较研究;在中国经济体制改革研究会的支持下,于 2000 年 11 月推出的《中国公司治理原则》,被中国证监会《中国上市公司治理准则》以及 PECC 制定的《东亚地区治理原则》所吸收借鉴,为建立公司治理评价指标体系提供了参考性标准。

第二阶段:构建中国上市公司治理评价指标体系。

历时两年调研,2001 年 11 月,中国公司治理研究院院长李维安教授在第一届公司治理国际研讨会上提出《在华三资企业公司治理研究报告》;经反复修正,又于 2003 年 4 月提出"中国上市公司治理评价指标体系";后又围绕公司治理评价指标体系,在 2003 年 11 月举办的第二届公司治理国际研讨会上向国内外专家征求意见。

第三阶段:正式推出中国公司治理评价指数和《中国公司治理评价报告》。

基于评价指标体系与评价标准,中国公司治理研究院构筑了中国公司治理指数模型;通过收集数据,运行指数模型,形成了中国公司治理指数,并根据中国公司治理指数对中国上市公司治理状况进行评价;2004 年 2 月发布《中国公司治理评价报告》,报告应用中国公司治理指数对中国上市公司进行大样本全面量化评价分析;根据中国公司治理指数,已经连续十四年发布《中国上市公司治理评价报告》。

第四阶段:中国公司治理评价应用。

中国公司治理指数连续四年应用于"CCTV 中国最具价

值上市公司年度评选”;应用于联合国贸发会议对中国企业的公司治理状况抽样评价和世界银行招标项目;应用于国务院国资委国有独资央企董事会建设与评价等项目和国家发改委委托项目推出的“中国中小企业经济发展指数”研究;应用于开发中国公司治理指数数据库、研发中国公司治理股价指数和设计中国公司治理计分卡等;2013 年 6 月 6 日,中国公司治理研究院作为合作单位负责研发的央视治理领先指数(代码 399554),作为央视财经 50 指数的五个分维度领先指数之一,在深圳证券交易所挂牌上市。

公司治理长期存在的行政型依赖,与中国计划经济向市场经济转轨的背景相关,企业形成了依靠行政力量而忽视市场和法治的思维惯性。行政型治理在当前突出表现为“内部治理的外部化、外部治理的内部化”,即本来应该由内部治理的决策职能,比如高管任免、高管薪酬及股权激励等,现在仍由外部的政府主体决定;而外部治理的很多职能,比如办社会的职能,却由企业内部来承担。

以发展混合所有制为例,目前很多国有企业在通过各种途径发展混合所有制,在形式上解决了让民营资本进入国有企业的问题,但由于行政型治理依赖,发展混合所有制往往进入深水区。例如,股东地位不对等,允许民营资本进入却不允许民营资本控股,如何调动民营资本的积极性?在国有资本改革的层面组建国有资本投资公司和国有资本运营公司,在行政型治理的情况下,如何保证非商业性指定投资的资本收益目标?

再比如说,我们的跨国企业要走出国门,就要适应国际公司通用的制度规则,但却又受制于行政型治理依赖,在跨国并购中出现很多非正常投资事故。在过去,企业的并购、控制权转移受到较强的行政干预,国有企业之间的并购多是"红军"必胜、"蓝军"必败的"演习","蓝军"必须当好陪练而不能有真正对抗,"红军"则会顺利接收"蓝军",剧情都是在政府"导演"的安排下完成。而如今,当企业走出国门,遇到真正对抗的外国"蓝军"时,如何应对来自国际通用规则的约束和挑战?

2. 治理环境与治理模式创新不相匹配

如果说网络信息技术的创新是技术创新,商业模式的创新是管理创新,那么阿里巴巴的合伙人制度则是治理创新。但从实践来看,很多管理创新已经落后于技术创新,公司治理的创新又落后于管理创新。

支撑互联网商业模式、升级商业生态系统都需要大量资本,引入投资者就成为创业企业发展的必要选择。然而,在引资中创始人如何运用博弈之道、守住控制权就成为企业基业长青的关键。沿用股东会—董事会—经理层的"垂直化"治理模式,无法保证对管理层的有效激励,需要调整以技术核心为主的经理层在治理链条中的位置,向"扁平化"的治理模式发展。为了平衡扩张急需资本和永续经营需要控制权之间的矛盾,阿里巴巴根据高科技网络企业的特点创新性地采取了合伙人制度的治理模式,要求在公司章程中设置提名董事人选的特殊条款。

拓展阅读

网络三定律与网络治理定律

摩尔定律:当价格不变时,集成电路上可容纳的晶体管数目,约每隔18个月便会增加一倍,性能也将提升一倍。这一定律揭示了信息技术进步的速度。

吉尔德定律:在未来25年,主干网的带宽每6个月增长一倍,其增长速度是摩尔定律预测的CPU增长速度的3倍,而主干网的网络带宽的不断增长意味着,各种新的网络应用方式的出现和网络用户的使用费用的不断降低。

迈特卡尔定律:网络价值与用户数量增长速度的平方成正比,与成本成反比,预示互联网时代的到来。

网络治理定律:电子商务随着网络技术的发展而兴起,中国的电子商务从信用缺失中看到了机遇,带来了革命性变化。阿里巴巴作为中国最大的电商,因为"合伙人制"在港上市遭到拒绝,这反映出治理创新的滞后,治理创新跟不上网络技术的发展。

综合来看,管理创新远远落后于网络技术的发展变化,而公司治理的创新又滞后于管理创新。网络技术发展、管理创新和公司治理创新的关系,预示着网络治理时代的到来。

互联网技术推动公司治理模式由垂直化向扁平化发展,这说明技术创新要先于治理创新。阿里巴巴在上市过程中采取了"合伙人"制度,但香港交易所以"合伙人对董事的提名权违反了股东公平的原则"为由,拒绝了估值达千亿美元的阿里巴巴在港上市,现有制度环境下类似企业在大陆上市也有同样问题,凸显治理创新滞后于技术创新,治理环境与治理模式创新不匹配的困境。

3. 公司治理的错位

目前国有企业的治理结构、治理机制已经逐步建立,但却常常因为治理流程的错位而使治理结构虚化，缺乏治理实效。科学的公司治理流程应该是“自下而上”，例如提名高管应依次经由董事会提名委员会、董事会再到股东大会的顺序提名、批准。目前国有企业的主要高管先是由上级部门商定，再由提名委员会、董事会通过，此种“自上而下”的治理流程容易使董事会、提名委员会等公司治理结构和机制成为陪衬。在国企高管薪酬改革方面，开始我们的治理流程就错了，在保留国企高管的行政级别和待遇的同时，逐步搞起了市场化激励，被称为不公的“吃俩头”。而现今又在没有取消国企高管的行政级别的前提下实施“限薪”，实际上强化了国企高管仍作为政府官员的地位，是政企分离治理改革的倒退。

对于民营企业而言，公司治理错位突出表现为用企业管理机制代替公司治理机制。民营企业是国民经济的中坚力量，且许多已是上市的公众公司，能否顺利实现传承已成为我国民营企业尤其是家族企业突破“富不过三代”怪圈、实现基业长青亟待解决的紧迫问题。在职业经理人市场欠缺以及我国“子承父业”家族文化传统的影响下，民营企业更倾向于让子女接班。民营企业子女如果有能力，那么由他们继承企业未尝不可，甚至可能是更好的人选。但往往出现的比较遭的情况是，家族企业子女个人能力欠缺，却由他们继承公司，导致“亲缘”代替公司治理制度安排；更为糟糕的情形是，家族企业子女继任公司后，使用家族管理方式代替公司治理机制。无论是哪种情况，都可能造成治理结构的虚置，并有可能加大民营企业的治理风险。

4. 公司治理缺乏独立性

我国公司治理改革历经二十多年,却始终存在治理有效性不足,即所谓"形似而神不似"的问题,其中一个重要因素就是独立性的缺失。我国公司治理缺乏独立性主要体现在以下四个层面:上市公司自身的独立性缺失、治理结构的独立性缺失、治理主体的独立性缺失以及公司决策的独立性缺失。

首先,上市公司缺乏独立性。

我国的上市公司特别是国有控股的上市公司,由于大股东"一股独大",难有独立性。国有企业不进行治理改革,就会出现一股独大的"坏孩子"效应,像关联交易、"掏空",不断从资本市场"抽血",公司往往沦为大股东的"提款机"。国有企业治理改革不采取相应的配套措施,一股独大的国有股退出,民营资本、外资进入,就会形成民营资本或外资的一股独大,这是国有企业"坏孩子"效应的扩展。

其次,公司治理结构缺乏独立性。

公司治理结构的独立性较差,表现为有的上市公司的董事会被大股东控制而成为"橡皮图章";有的公司的董事会董事长权力过大,所有事务都由董事长一人决策;有的国有企业的董事会受到政府的过多干预,政府领导代为决策。无论是哪种情形,都致使董事会难以发挥其在公司治理中的核心作用。

以"双向进入、交叉任职"的领导体制为例,董事长是按照公司法人治理结构的要求履行权利与义务,党委书记、党委副书记、纪委书记是按照政党治理的要求行使职责。目前双向进入的主流模式是党委书记通过法定程序担任董事长，非上市公司的董事会提名委员会主任原则上由党委书记担任；符合条件的纪委书记依法进入董事会担任董事，并根据工作需要可以进入经理班子兼任副总经理；主管人事工作的专职党委副书记进入董事会担任董事。在党委书记兼任董事长、党委副书记（纪委书记）兼任董事的情形下，是该按照政党治理逻辑还是公司治理逻辑履职？

再次，公司治理的各参与主体缺乏独立性。

从国际上看，公司治理的监督模式设计主要有两种类型：单层制下的独立董事制度和双层制下的监事会。不同于国际通用的做法，我国目前存在监事会、独立董事和纪委等多种监督主体，它们在职能界定上模糊交叉，又存在履职保障和可操作性不强等弊端，使得他们作为个体参与公司治理的作用受限甚至相互掣肘，最终影响治理协同效应的有效发挥。

此外，独立董事缺乏独立性还主要表现在：独立董事的选聘权力大都掌握在大股东手中；独立董事经常用声誉社会资源代替监督能力；公司对独立董事的问责机制缺失，独立董事“想来就来，想走就走”。在“国美黄陈之争”的治理案例中，无论是国美董事会的行为、陈晓与贝恩公司的协议、股权激励计划实施以及“陈黄”双方的公开指责等，应该以独立的第三方介入的国美独立董事都一直没有发出任何“声音”。在“万科事件”的治理案例中，独立董事的独立性也遭到了理论界和实践界的质疑。这是由于在2016年6月17日的万科董事会上，一位独立董事没有出席，委托另一位独立董事代为投票,但未说明委托投什么票(赞成表还是反对票);而另一位独立董事表示自己在对很多信息不完全之情的情况下做出了决策。

最后,公司决策缺乏独立性。

正是由于上市公司自身不独立、董事会等公司治理结构不独立、公司治理各参与主体不独立,使得多元利益主体在公司决策过程中难以反映出各自的利益诉求,决策时各参与主体的意见往往被强势利益主体所“代表”或“左右”,使得理论层面上的科学决策在实践中很难实现,导致公司治理有效性不足。

二、中国公司治理改革的出路

中国公司治理改革若想攻坚克难,我们认为如下几个方面的改革内容可供参考。

1. 让企业经历市场真枪实战的“实弹”检验

克服行政型治理带来的弊端,政府需要摒弃行政干预的“演习”做法,将企业真正推向市场,让企业去接受“实战”的考验,让公司治理行为在市场的“阳光”下而非行政的“黑箱”中进行。公司外部治理需要敬畏市场力量、按照市场规律办事,要实施市场化的并购、控制权争夺和股东诉讼等治理较量,尊重市场的多元利益主体,保障其在市场中公平、公开地博弈。2015 年爆发的万科控制权争夺战就是外部治理从“演习”到“实战”的很好的范例,诸多利益相关者都是在市场化的条件下见招拆招、你来我往,并进行攻防较量。

在发展混合所有制方面,行政型治理的一些做法是先试点,“成熟一个推进一个”。正确的做法应该是充分发挥市场在资源配置中的决定性作用,制定发展混合所有制行业、企业的“负面清单”。负面清单外的领域要对社会资本全面开放,为社会资本提供明确信号;负面清单内的领域要说明不符合发展混合所有制的理由,引入特殊法人制度,借鉴其他国家做法,为特殊法人所在行业、企业的立法实施监管。

2. 探索设立控制权优先股

网络技术越来越广泛地应用于公司治理之中,而网络技术的发展与应用表明技术创新先于管理创新,更先于治理创新,所以证券监管部门加强对治理创新的推动势在必行。

相对于普通股而言,优先股在利润分红及剩余财产分配的权利方面要优先于普通股。优先股股东没有选举及被选举权,一般来说对公司的经营没有参与权,且优先股股东不能退股,只能通过优先股的赎回条款被公司赎回,但是能稳定分红。优先股具有收益优先权而让渡投票权,可以保证公司的控制权不被分散。

与现行的承认“收益权优先的优先股没有违背同股同权”的原则相一致,我们建议设立控制权优先股。例如,网络公司发行控制权优先股,减少管理层的收益权,然后给予一定的控制权,这样管理层团队可以保证将来的董事会不会存在不利于公司发展的人,投资者也可以保证股权价值。证监会等部门主导 IPO 改革,允许控制权优先股的出台,这不仅是对网络治理模式创新的包容,而且有助于解决阿里巴巴等网络型公司在国内上市的问题。

拓展阅读

普通股和优先股

普通股是股份公司发行的无特别权利的股份,也是最基本的、最标准的股份;优先股是不同于普通股的一种股票类型,优先股的根本特征在于优先股股东在公司收益分配和财产清算方面比普通股股东享有优先权,与这种优先权相伴随的是,优先股股东一般不享有股东大会投票权。

普通股股东享有的权利主要有:剩余收益请求权和剩余财产清偿权、对公司重大经济行为的监督权和决策参与权、按其持股比例优先认购一定比例的新股的有限认股权、按照自己的意愿随时转让手中的公司股票的股票转让权。

优先股股东享有的权利主要有:在利润分配上有优于普通股股东的权利、有权按票面价值优先于普通股股东得到清偿的剩余财产清偿权、有表决权的优先股股东有权参与公司的管理。

3. 公司治理流程再造

公司治理改革已进入深水区,如果治理错位,那么现代公司治理的大厦也会摇摇欲坠。针对公司治理错位问题,需要对公司治理流程进行再造。

对于国有企业而言,一是要变“自上而下”的治理流程为“自下而上”,实现国有企业治理的优化升级。例如,提名高管应依次经由董事会提名委员会、董事会再到股东大会的顺序提名、批准。新兴际华等央企已经进行了较为成功的试点。二是要推进由外而内的先去行政化的治理改革。国有企业经理层激励机制的改革顺序应该是先取消行政级别，然后再过渡到市场化的激励方式。目前应该在国企高管限薪的条件下，加快进行去行政化的治理改革。

对于民营企业而言，需要理顺企业管理机制与公司治理机制的关系。第一，民营企业在传承过程中，要把公司治理机制作为代际传承的制度基础，在接班人选择上防止“亲缘”替代公司治理制度安排，避免在代际传承过程中由家族治理负效应引发的“地震”。第二，民营企业家族成员之间既存在“血缘”关系，还存在股权关系，为解决好家族成员内部的利益冲突问题，需要通过改善股权结构等公司治理制度安排，避免内耗、分裂和丧失控制权等危机的出现。

4. 提高公司治理的独立性

要深化公司治理改革，提升公司治理的有效性，还要探讨解决作为其基础的独立性问题。

首先，不断改善股权结构，让更多元的股东参与治理。

没有多元的利益主体参加就无法实现有效治理，公司治理的要义就在于在公平、公正的环境中，让多元利益主体充分表达各自的利益诉求，以达到实现共同利益的目标。因此一方面要让已有的股东群体都敢于参与治理，避免被强势的利益主体所“代表”或干预；另一方面，要重新引入更多元化的股东，如引入机构投资者、提高机构投资者的持股比例等，以此防止“一股独大”、“一方独大”。

其次，优化各行为主体独立参与治理的机制设计。

强化各行为主体参与治理的机制设计的独立性，要切实协调好独立董事和监事会的关系，重塑与双重监督模式相协调的关系型治理机制。对于改革中为强化监督而设立监事会和独立董事的双重监督机制的公司，如已实施独立董事制度且运作良好的上市公司，是否保留监事会可由企业自主决定，公司监督机制建设的重点落在独立董事制度上；对于一些仍有必要维持双重监督机制的公司，改革的关键在于进一步厘清二者的职责边界并增强履职的可操作性，在实现各自独立高效运作的同时发挥协同效应，提升公司治理的有效性；对于未实施独立董事制度的非上市公司，则必须设立监事会，并不断提升其监督有效性。

强化各行为主体参与治理的机制设计的独立性，还要严格董事（尤其是独立董事）的选聘和履职程序。一方面，董事选聘必须尊重治理流程，严格经由独立董事占多数的董事会提名委员会提名，经董事会通过，再经股东大会投票选任。另一方面，独立董事选聘程序要充分考虑中小股东意见，独立董事的提名尽量实行大股东回避制或大股东有限制的投票制，明确大股东和中小股东各自对独立董事推荐的比例，具体做法上可以鼓励上市公司采取累积投票、委托投票等方法聘任独立董事。

最后，保证各参与主体具备和谐治理精神。

公司治理不是为了制衡而制衡，而是要实现科学决策，这就要求公司治理的各参与主体在公开平等的博弈过程中，必须具备和谐治理精神。一方面要鼓励各方积极参与治理，避免决策由强势方主导。如果各方不积极参与治理，任由强势方“代表”，公司治理的决策过程不受制衡、不考虑其他利益方的利益，那么做出的决策往往是“拍脑袋”或是“瞎干”。

另一方面要鼓励各方公开平等的博弈,避免决策的争执不下。如果各方过于执着于自身利益,置大家的共同利益于不顾,极有可能在相互“扯皮”和“推诿”中丧失转瞬即逝的商业机会,甚或是使得公司陷于内部争斗的泥潭,最终两败俱伤。

第三章 政府治理:触动改革灵魂的举措

十八届三中全会不仅明确提出国家治理体系和治理能力现代化,而且提出构建“有效的政府治理”和“切实转变政府职能”的重要举措。弱化管理、强化治理,这触动了改革的灵魂,政府治理的改革将释放出巨大的制度红利。那么,政府具有怎样的治理角色?政府治理的流程如何顺畅?官员作为政府的实质性个体,官员治理具有哪些特征,该如何完善?在国家治理能力提升的重要阶段,政府治理改革又将如何深化?

第一节 政府的治理角色

在现代市场经济条件下,政府贯穿在我们每个公民的日常生活中,大到货币供应、基础建设,小到户口登记、公共交通等等,都有政府的参与。在中国广袤的土地上,几乎每个地区都有一幢建造的庄重而又威严的政府办公楼。当你经过这些办公楼,看着进进出出、忙忙碌碌的人们时,你是否有想过:政府为什么会存在?它到底在我们的生活中扮演着怎样的治理角色?

一、市场失灵与政府职能

1. 市场失灵

对于政府为什么会存在的问题，我们需要从市场的失灵谈起。

从某种意义上讲，人类社会的一切活动都可以归结于对资源进行配置的过程，即解决生产什么、如何生产以及为谁生产的问题，政府和市场是资源配置的两种不同机制。而按照经典的西方经济学理论，市场是资源配置的核心，其通过价格机制来引导商品的供给和需求，能够完全的解决以上三个方面的问题。一个自然的问题是，既然市场已经能够有效的配置资源，那为什么还需要政府呢？这主要是由于市场本身是有缺陷的，其并不能自主的、完全的实现资源的有效配置，导致了“市场失灵”(Market Failure)。这种失灵主要是源于信息不对称、外部性及公共产品等。

所谓信息不对称，是指交易双方所掌握的信息是不对称的，一方对商品掌握的信息要多于交易的另一方。俗话说“从北京到南京，买的不如卖的精”，通常情况下，卖家对所卖商品的内在质量信息等具有优势，而大部分商品又很难在购买时进行检验，此时买方只能根据商品外表来推测其质量，由此导致二者对商品的真实质量信息存在不对称。比如，当你购买一袋大米时，卖方不可能允许你拆封检查，显然卖者比买者更了解大米的实际情况，其可以以此为凭仗来欺骗买者。在这种情况下，价格机制对市场的调节将失灵。比如，某个商品降价促销，消费者可能因为担心商品的假冒伪劣不敢买了，相反一些低劣商品经过包装，提高价格反而可能增加销量，导致市场失灵。

外部性是指一个经济主体的行为对另一经济主体的福利产生了影响（好的或坏的），但这种影响并没有通过货币或者市场交易体现出来，导致市场失去了定价和配置资源的功能。比如你在一个街道开了一个电影院，附近有很多小的快餐店，本来生意一般，但自从电影院建立之后，快餐店的生意顿时就好了起来，赚的钱也多了。尽管这是由电影院引起的，但显然你不可能向快餐店收取费用（他们也不会给！），这就产生了外部经济（Economic Externality）。相反，如果你开了一个工厂，每天都往外排放废气，对附近居民造成了一定的损害，但你没有向他们每个人都支付补偿，这就产生了外部不经济（Diseconomic Externality）。这两种情况下造成的影响都没有反映在商品的市场价格中，市场也就无法有效的配置资源。

第三种是公共产品的问题。什么是公共产品呢？这一概念是相对于私人产品而言的。我们说日常的商品都具有竞争性和排他性两个特征，这就是私人产品。竞争性是指一个产品被消费之后，其他人无法再使用，比如一个包子，我吃了之后，你就再也吃不到了。排他性是指只有支付了相应的价格之后，才能使用这种产品，不付钱的人是不能使用该产品的。而公共产品则相反，是指那些在消费上具有非竞争性和非排他性的产品，比如国防、司法就是典型的公共产品。因为你享受了国防带来的安全，不会影响其他人对国防的使用；不管你是否为国防缴纳了赋税，都可以享受国防的保护。很显然，由于这两个特性，一个理性的人是不会生产这类产品的，市场无法保证该产品的正常供给，价格机制也就失灵了。

正是由于市场存在以上三个方面的缺陷，为保证市场的有效运行，政府方才介入市场以弥补这些缺陷。

对于信息不对称，政府可以通过制定准入制度、质量认证制度等来维护产品质量，降低买卖双方的信息不对称，如我国政府实施的强制性产品认证（3C 认证）、对食品的生产许可认证（QS 认证）等。

对于外部性，特别是外部不经济行为，政府可以进行直接行政管制，对污染性的工厂实施强制性的排污标准或者对其课以税收，将这种外部性内部化，从而保证价格机制的正常运行。

对于公共产品问题，其非竞争性和非排他性的特征决定了市场无法保证该产品的供给，于是只能交给政府来做。这也是为何许多公共产品如国防、治安、街灯等都是由政府提供的原因所在。当然，由政府提供并不意味着全部由政府生产所有的公共产品，为提高效率也可以采用政府授权或招标的方式进行。

2. 政府职能

以上我们解释了政府参与市场的原因所在，那么从一般意义上讲，政府的职能是什么呢？这个问题很大，大到对这一问题的探讨几乎贯穿了整个经济学的发展历程。经济学的鼻祖亚当·斯密（Adam Smith）在其传世巨著《国富论》中，就已经详细讨论了政府的职能。他指出政府主要有三项职能：一是保护本国社会的安全，使之不受其他独立社会的暴行和侵略;二是保护人民,不使社会中任何人受其他人的欺负或压迫,换言之,就是设立一个严正的司法行政机构;三是建立并维持某些公共机关和公共工程。

综上,斯密认为,在经济生活中,政府应该充当社会的"守夜人",就是说政府凭借公众赋予的强制力为社会和市场"守夜",提供保护、法治和秩序。这意味着政府不能越位,要干自己该干的事。这一理论也成为古典自由主义经济理论的圭臬,强调政府不应干预市场,市场能够完全自主的调节经济,从而保证经济的长期稳定增长。

斯密:市场是万能的,政府不要干预市场!

但是当进入20世纪之后,经济学家们逐渐认识到市场并非是万能的,自由的市场经济也会伴随着经济衰退或失业等现象。特别是在20世纪30年代的大危机之后,大家更是对市场的缺陷有了明确的认知,相关的政府干预理论开始逐步成熟。这方面的集大成者是凯恩斯(John Maynard Keynes),这位被称为"20世纪最有影响力"的经济学家于1936年出版了《就业、利息与货币通论》一书,系统的阐述了自由主义经济理论的缺陷,指出纯粹依靠市场不可能实现市场的供求平衡,反而会导致社会有效需求的不足,引发经济危机的发生。

那么应该怎么办呢?凯恩斯说了,为避免经济危机,关键是要进行需求管理。而这就需要政府放弃自由主义的原则，从“守夜人”变为“积极的干预者”，需要采用财政和货币政策对国家经济进行干预，以保证社会有足够的有效需求，从而实现充分就业，避免经济危机。这一理论开创了一个政府干预的经济时代，史称“凯恩斯革命”。

> 凯恩斯：市场是有缺陷的，政府需要干预市场！
> @斯密

在实践中，以美国罗斯福新政（The New Deal）为代表，西方资本主义国家纷纷奉行凯恩斯主义，掀起了政府干预经济的浪潮，而且效果也是很明显的，对于西方国家摆脱经济危机以及二战后经济的恢复起到了重要作用。这也从实践角度证实了市场确实存在缺陷，宣告了市场自由主义的结束，政府干预也逐渐成为西方的主流经济学理论。而伴随着政府干预经济的过程，政府的职能也不断扩大。

政府职能，也称为行政职能，是指国家行政机关依法对国家和社会公共事务进行管理时应承担的职责和所具有的功能。尽管政府职能囊括了政治、文化、社会等多方面，但从经济角度来讲，政府的职能主要包括三个方面：

一是宏观调控职能，就是说政府通过制定和运用财政政策和货币政策，对整个国民经济运行进行间接的、宏观的调控；

二是提供公共产品和服务职能，即政府通过政府管理、制定产业政策、计划指导等方式对整个国民经济实行间接控制，同时还要发挥社会组织和企业的力量，与政府一道共同提供公共产品；

三是市场监督职能，即政府为确保市场运行畅通、保证公平竞争和公平交易、维护企业合法权益而对企业和市场所进行的管理和监督。

二、政府失灵与政府治理

1. 政府失灵

伴随着凯恩斯主义的盛行，二战后西方国家广泛采用了政府干预的形式来克服市场失灵，也的确取得了很好的经济效果。然而，美好的时光总是短暂的，在经历了上世纪 50 年代到 60 年代的繁荣之后，西方国家在 70 年代陷入了滞涨(Stagflation)的怪圈，即经济停滞，失业和通货膨胀同时持续高涨的经济现象，就是说物价上涨，但经济反而停滞不前。不仅如此，政府干预的加强还导致了政府规模的膨胀、财政赤字的扩大、社会经济效率低下等问题，政府干预的局限性和缺陷也日益显现出来了。

那么为什么会这样呢？美国经济学家布坎南(James Buchanan)提出的公共选择理论指出，之所以会导致这些问题在于政府不是万能的，在力图弥补市场失灵的过程中，政府干预行为的局限性导致了另外一种失灵——即政府失灵(Government Failure)。

政府失灵是指个人对公共物品的需求在现代化的民主政治中得不到很好的满足，公共部门在提供公共物品时趋向于浪费和滥用资源，致使公共支出规模过大或者效率较低，政府的活动或干预措施缺乏效率，或者说政府做出了降低经济效率的决策或不能实施改善经济效率的决策。简单的说，就是政府的活动并不总是应该的那样或像理论所说的那样有效，有些活动削弱了原本政府干预带来的“正能量”，最终反而可能会降低了社会福利。

布坎南：政府自己也有缺陷，需要进行政府治理！@凯恩斯@斯密

那么一个自然的问题就是：政府为什么会失灵呢？布坎南指出，政府失灵主要体现在以下几个方面：

一是公共政策失误，这是因为公共决策主要是政府决策，而政府的决策不同于市场决策，很多时候做出决策的是集体而非个人。由于个体利益的差异，很显然政府的决策是一个很复杂的过程，会受到很多因素的制约，由此导致政府难以制定并实施一个好的公共政策。

二是政府机构的低效率，这主要源于政府机关垄断了公共物品的供给，而垄断会导致无效率的供给，政府雇员也没有激励和压力去努力提高工作效率（这在中国的公务员队伍中尤其突出），再加上监督的不完备，要产生高效率反而是怪事了。

三是政府的寻租行为，就是一些利益集团怀着获取垄断利润的目的，会通过游说或是贿赂的方式，获得一些如行业准入资格等以获得垄断地位。很显然，由于政府介入了市场

交易之中，会导致资源配置的扭曲和效率的损失。

四是政府规模的扩张，这包括政府部门工作人员和政府部门支出水平的扩大。由于政府职能的加强，政府机构和工作人员不可避免的要扩张，且政府作为财富再分配的主体，为了自身利益扩大开支显而易见。

总结起来，当人们在欢呼政府干预可以纠正自由市场的缺陷之时，却发现原来政府自身也存在问题。正如布坎南所说，“公共选择理论以一套悲观色彩较重的观念取代了关于政府的那套浪漫、虚幻的观念，……这些观点已经被有关政府能做什么、应该做什么的充满怀疑的观点所替代”，因此我们需要重新审视政府的问题，其中的关键就是要完善政府治理。

2. 政府治理

那什么是政府治理（Government Governance）呢？具体而言，根据世界银行的定义，治理是由一国的权力部门行使权力的传统和机构组成，这包括政府的选择、监督和更换的过程，政府有效制定和实施健全政策的能力以及对管理经济和社会事务的公民和组织的尊重。

据此，世界银行自 1996 年起设立了世界范围内 215 个经济体的治理指标项目，旨在度量世界各国的治理水平。

该项目从六个方面来度量一国的治理水平高低，即话语权和责任（Voice and Accountability）、政治稳定和无暴力（Political Stability and Absence of Violence）、政府效率（Government Effectiveness）、监管质量（Regulatory Quality）、法制水平（Rule of Law）、腐败控制（Control of

Corruption)六个方面。可以看到,其中的政府效率就涉及到政府治理的问题。

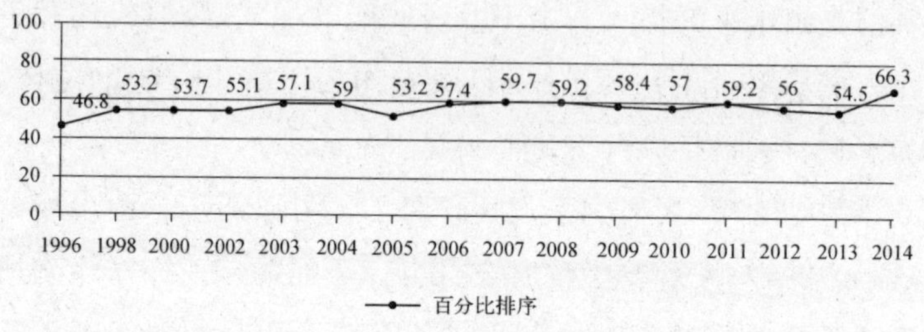

中国政府效率的变化

我们根据世界银行提供的数据画出了自 1996 年至 2014 年中国政府效率的变化图。世界银行对政府效率的度量采用的是样本的百分比排序(Percentile Rank),即占所有当年样本国家政府效率的比例,数字越大代表政府效率的相对排名越高。

可以看出来,近二十年来,我国的政府效率基本在 50%—60%之间,在世界范围内处于中等水平。2014 年排名有较大提升,百分比达到 66.3%,首次突破 60%,反映出近年来我国在政府治理方面有较大改进。

我们认为政府治理(Government Governance)就是政府对社会发展资源进行配置和对国家经济及社会事务进行管理,在此过程中政府充当治理中的主导角色,通过治理机制来配置公共资源、协调社会组织,最终实现公共利益的最大化。

这一概念可以从宏观和微观两个层面来理解,从宏观方面讲,政府治理是要构建政府、市场和社会相互联系的横向架构;从微观方面讲,政府治理是要理顺政府内部行政权力运行、配置的纵向桥梁。

第二节　政府治理的流程如何顺畅

作为一个庞大的组织，政府如何来进行治理呢？其中的关键就是需要有一套流畅的治理流程，即政府在治理过程中对公共权力的配置机制和运行机制。那么，政府治理的边界在哪里？中央政府和地方政府之间的权利配置如何安排？政府治理的信息披露机制又是怎样的？

一、政府治理的边界

政府治理如同公司治理机制一样，在许多方面并不是万能的，只有在边界范围内，政府治理才能奏效。那么，政府治理的边界在哪里？

关于这一点我们可以参考科斯关于企业边界的论述。从交易费用的角度来看，任何一笔交易都存在交易成本，而市场和政府是两种不同的治理结构，因此确定政府治理的边界，就是要确定政府或市场的职能范围，为交易寻找合适的治理结构。

拓展阅读

科斯和企业边界

罗纳德·科斯（Ronald Coase），1910 年生于伦敦，1929 年进入伦敦经济学院学习，在本科期间完成了传世名作《企业的性质》（The Nature of the Firm，1937 年发表于

Economica 杂志),1991 年因“发现并阐明了交易成本和产权在经济组织和制度结构中的重要性及其在经济活动中的作用”而荣获诺贝尔经济学奖。

科斯指出利用价格机制的市场交易是存在交易成本的,包括讨价还价、订立和执行合同等费用,当市场交易成本高于企业内部管理协调成本时,企业便产生了。企业正是采用低成本的内部交易来代替高成本市场交易的机制。而企业也不是无限扩大的,其边界根据市场交易的边际成本和企业内部管理协调的边际成本来界定。

依据交易成本理论,当一个产品由市场提供的边际成本低于政府提供的边际成本之时,那么从社会福利的角度来看,由市场直接提供产品是合适的,政府不应参与该产品的生产;但如果某产品由市场提供的边际成本较大,政府就应介入。

以前文的公共产品为例,我们知道,由于具有非竞争性和非排他性的特性,因此由市场来生产公共产品的交易成本是非常高的。比如你打算在路边安装路灯,然后向夜晚路过的人收费以弥补成本。那么你就需要时时在路灯下等待经过的人,然后需要一对一的谈判来确定其应该支付的费用,这样的交易成本是巨大的。而如果由政府来向居民集中收取一定数额费用,然后安装路灯则可以有效的节约交易成本,这类产品就应由政府来提供。

政府治理的边界还要考虑政府失灵的存在。政府在多大程度上能够解决市场失灵的问题,这不仅仅取决于人们对政府治理的良好愿景,还要取决于政府治理的水平,即政府能否克服自身的失灵及缺陷。比如，为了提高公共产品的生产效率，政府可以通过招标采购、授权经营等办法，充分发挥市场的优势，而这主要视政府治理的水平而定。

二、政府间的权利配置

中国的政府机构按照“块块”来讲，大体划分为中央政府和省、市、县、乡等各级地方政府；按照“条条”来讲，又有各级政府的系统管理和垂直管理机构。为保证政府治理的流程顺畅，不仅要确定政府的治理边界，还需要理顺各级政府之间的权利配置问题，特别是中央政府和地方政府间的集权与分权，这是关系到政府治理流程顺畅的核心所在。

在中国，自秦国于公元前 221 年统一六国以来，关于集权与分权的矛盾一直贯穿于整个封建社会的历史长河中。

我国的地方太大，人口太多，而且交通、通讯不发达，光靠中央政府无法将统治延伸到基层，因此需要分权给地方政府。但这又增加了中央对地方监督和控制的难度，权力可能被滥用，因此中央需要集权。

该如何处理这个矛盾呢？从中国历代行政区划可以看出，一方面各个朝代的行政区划始终处于变化之中，呈现出一种波浪式的变动，这正是体现了集权与分权之间的权衡；另一方面无论哪一朝代，作为最基层的县级行政区均保持了稳定，这是由于县是古代政府层级中最深入的一级，县级以下实行的是乡绅自治，“皇权不下县”，因此为了维护统治，必须要保证最基层的组织不能乱。

在这种行政体制下，我国古代的政府间关系类似于一种转包制(Subcontracting)。一方面高度集权,一切政令、官员任命都归中央管。另一方面,由于地域太大,所以又高度分权。中央只管发布各种条令等等,具体事务转交给地方负责;而在地方政府中,只有县一级是具体执行的,其他如省、路、府等都只是将上级交代的任务层层转包,最后交给县官。这也是古代将县官称为“父母官”的原因所在,因为只有县官才真正与老百姓打交道。

中国历代行政区划

<table>
<tr><th>时期</th><th>高层政区</th><th colspan="3">统县政区</th><th>县级政区</th></tr>
<tr><td>秦</td><td></td><td colspan="3">郡</td><td>县、道</td></tr>
<tr><td>汉</td><td></td><td colspan="3">郡、王国</td><td>县、道、邑、侯国</td></tr>
<tr><td>魏晋南北朝</td><td>州</td><td colspan="3">郡、王国</td><td>县、国</td></tr>
<tr><td>隋、唐前期</td><td></td><td colspan="3">州(郡)</td><td>县</td></tr>
<tr><td>唐后期、五代</td><td>道(方镇)</td><td colspan="3">州、府</td><td>县</td></tr>
<tr><td>辽</td><td>道</td><td colspan="2">府</td><td>州</td><td>县</td></tr>
<tr><td>宋、金</td><td>路</td><td colspan="3">府、州、军、监</td><td>县</td></tr>
<tr><td>元</td><td>省</td><td>路</td><td>府</td><td>州</td><td>县</td></tr>
<tr><td>明</td><td>布政使司(省)</td><td colspan="2">府、直隶州</td><td>州</td><td>县</td></tr>
<tr><td>清</td><td>省</td><td colspan="3">府、直隶州、直隶厅</td><td>县、州、厅</td></tr>
</table>

注:括弧内外为等称,统县政区中的竖线代表左右之间存在统属关系。

——据周振鹤,《中国历代行政区划的变迁》,中国国际广播出版社,2010 年

新中国成立之后同样面临着集权和分权的问题。建国初期,基于历史传统和发展经济的现实需要,我国迅速建立起了高度集权的政府治理体制。而在政府间权利方面,除了继承传统的转包制以外,新中国的一个大的突破是将政府建制从县延伸到了乡镇,形成了省、县、乡的三级区划。这主要

是为了加强对我国广大农村和农民的管理，更好的增强国家动员能力。

然而这就导致了另外一个问题，就是乡官太多，不可能都由中央来任命。那么怎么办呢？新中国的办法是下放任命权，县乡级的干部不再由中央任命，而交由省级政府任命，实行"下管两级"的干部管理模式。

改革开放之后，我国掀起了分权化改革的浪潮，这包括行政分权和财政分权。行政分权表现在中央逐步把一些官员任命和行政、经济管理权限下放给了地方，比如1984年进行了干部的"下管一级"改革，赋予地方政府对下一级官员的任命权。还有就是设立深圳、厦门等经济特区，特别是1984年设立的计划单列市，大大提高了地方的决策自主权。

1994年我国取消了计划单列市，而将原14个计划单列市（广州、重庆、深圳、南京、哈尔滨、长春、沈阳、大连、青岛、宁波、厦门、武汉、成都、西安）连同济南、杭州共16个城市升格为副省级城市。1997年重庆升格为直辖市之后，副省级城市变为15个。副省级城市不仅在国民经济和社会发展规划中与省级一致，而且其党政机关领导的级别为副部级，由中央组织部直接任命。

更为重要的分权是财政分权。1980年我国开始正式推行"财政包干制"，中央和省级政府约定财政包干额度，剩余的则归省政府所有。省级政府再与市级政府约定分享规则，如此层层转包，依然延续了转包制的传统体制。

经过行政和财政分权之后，地方政府不仅获得了较大的自主权，而且有动机来推动经济增长以获得更高的财政分成，这使得改革开放之后我国的经济有了飞跃式的发展。

有人说了，看来这就是非常好的政府间权利配置了！并非如此，这样的配置虽然有好处，但却导致了另外一个问题，那就是地方越来越有钱了，而中央却越来越穷，中央的话语权相对弱了。另外就是引发了地方保护主义，各地方只管自己不管别人，形成了“诸侯经济”。比较典型的就是银行放贷问题，中央把各省银行的管辖权交给了地方，导致了各地区都不顾风险的过度放贷，引发了上世纪 90 年代中期严重的通货膨胀。那怎么办呢？针对地方富而中央穷的问题，1994 年进行了分税制改革，不仅增加了中央的分成比例，而且区分了国税和地税，前者的人事、经费都独立于地方政府，然后中央开始有钱了，也能够进行一些大的开发项目了，如西部大开发、东北振兴等等。

而针对地方“诸侯经济”的问题，中央开始对一些重要部门如银行、海关、工商行政等进行垂直化管理。就是这些部门的人事任免、人员编制和财政经费等全部由上级统一管理，而不再属于地方，这在很大程度上约束了地方政府的干预和地方保护主义。

可以看出，建国以来我国在集权和分权之间经历了多次转变，再次说明这两者的关系的确不好处理。

集权和分权各有优缺点，集权利于宏观调控、集中力量办大事，但缺点在于难以有效监督地方，决策风险也较大。分权呢，能发挥地方的优势，利于创新，缺点是容易陷入地方保护主义，对宏观稳定不利。

所以，在各级政府间的权利配置方面，完全集权和完全分权都不是最优的，需要根据现实进行选择并适时调整。在当今中国，首先必须要保持适度的集权以保证中央对全国的控制力，以应对日益复杂的国内外环境；同时又需要适当的分权以提高地方发展经济、加快创新的动力。

需要指出的是，尽管我们说中央政府和地方政府是两个个体，存在矛盾，但如果从政府与市场的角度来看，它们又是一个整体。

如果中央和地方发展不平衡，那么作为一个整体的政府就会影响市场的发展，因此我们需要一个中央和地方都很强的政府间权利配置。

如此，一个现实而又合理的选择是在一些关键领域保持中央的适度集权，其他领域向地方适度分权，这样才能在维护中央权威的前提下，调动地方的积极性，实现中央和地方的“两手都要硬”。

三、信息披露机制

随着社会的发展，公民参政意识逐渐提高，政府治理流程不畅的一个重要原因就是政府和民众之间缺乏足够的沟通和互动，二者存在信息的不对称。民众觉得政府可能隐藏信息，很多事情都在“黑箱”里，使得社会上一有风吹草动，就会有各种谣言的产生。

比如政府的某些不诚信事件，2012 年山西长治对污染事件的知情不报，2012 年国家能源局对刘铁男被举报的“辟谣”，2013 年杭州市对汽车限牌政策的“出尔反尔”以及佛山市的粗暴执法事件等等，这些事件的发生严重透支了政府的公信力，使得政府每当发布一个信息时，大家的第一反应就是，“这，是真的吗?”最有效的解决途径就是政府要做好信息披露，通过治理制度上的安排，减少信息不对称带来的损失。

治理案例

佛山粗暴执法事件与政府信息披露

2013年3月20日下午，广东省佛山市治理超载办公室，在佛山一环官窑路段设卡治理超载行为。1时许，执法人员示意一超载司机岑某驾驶的货车停车检查，岑某冲卡，执法人员追行约三公里将其截停。执法人员随后对当事司机实施了殴打。

在次日的佛山电视台《小强热线》中，当地官员在镜头前信誓旦旦地说，现在公务员暴力执法的违规办案的成本极高，处处摄像头监控，人人有手机视频，所以他绝对相信同僚是不会暴力执法的。佛山市交通运输局和佛山交警负责人也予以否认。

然而司机车上的无线视频设备却将执法人员殴打司机的行为记录了下来。无奈之下，佛山市新闻办向社会公开道歉，并通报了对相关责任人的处理结果。

——据《佛山一环粗暴执法 两民警一执法员被依法处理》，2013年3月24日《佛山日报》

事实上，国务院在2007年1月17日通过的《中华人民共和国政府信息公开条例》(自2008年5月1日施行)就明确指出，制定条例是“为了保障公民、法人和其他组织依法获取政府信息，提高政府工作的透明度”。自此公民可以通过公开的网站或是申请的方式获取政府可以公开的信息，其中前者是最主要的方式。那么我国政府网站的情况怎么样呢？

2015 年 12 月 15 日，国务院办公厅通报了第一次全国政府网站普查情况报告，指出截至 2015 年 11 月，各地区各部门共开设政府网站 84094 个，其中发现存在严重问题并关停的 16049 个，正在整改的 1592 个。正常运行的 66453 个政府网站中，地方网站 64158 个，国务院部门网站 2295 个。

全国政府网站总体合格率为 90.8％，其中省部级政府门户网站合格率 100％，市县级政府网站合格率超过 95％，其他政府网站合格率达到 80％以上。

从全国政府网站的抽查合格率来看，各省政府网站的抽查合格率存在差异，北京、上海、浙江、湖南等地政府网站的合格率超过 95％，山西、辽宁、黑龙江、云南、西藏、青海、宁夏、新疆等地的政府网站的合格率则低于 85％。反映出我国西部地区的政府信息披露还存在不少可改进之处。

比如在本次调查中就发现有些地方政府的网站有很多空白之处，有些政府网站的个别项目甚至 7 年未更新，而且许多网站缺乏与公众交流的有效途径。

因此，需要进一步完善政府网站的建设，保证信息披露的真实性、准确性和及时性。同时，还可以通过改进信息披露的方式，比如采用更为新颖、形象的方式来公开信息。

例如，江苏省 2015 年 12 月 29 日公布了 2015 年度的政府信息，但与众不同的是，江苏的政务公开晒出了新花样，从花果山的猴子到京剧花脸，从各种消息树、饼状图到大数据长图、动态网页，各部门争相亮相“琅琊榜”，晒出了新意。

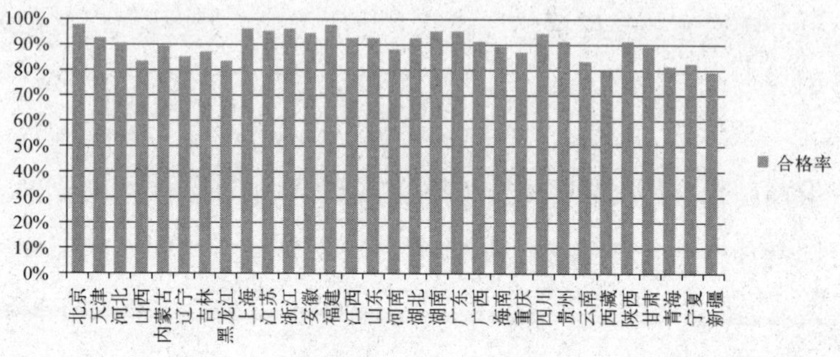

2015 年全国政府网站的抽查合格率

此外,除了政府网站之外,还可以让公众走进政府来拉近二者之间的距离。例如自 2013 年 6 月起,陕西西安市就开展了公民代表走进市政府的活动,零距离的感受了市规划馆、科技局、政务中心等机关的工作运转情况,并与市领导面对面座谈交流,这种方式值得推广。

综合以上分析,可以看出要想保证政府治理流程的顺畅,清晰界定政府的治理边界,保持中央、地方的适度集权和分权,保证政府信息披露的有效性,都是行之有效的重要举措。

第三节　揭开政府治理的面纱:官员治理

以上我们讲了政府治理的相关机制,但似乎总是“雾里看花”,感觉政府依然离我们很遥远。作为构成政府的个体,官员是我们切身感受政府治理的连接点。因此要理解政府治理,就需要揭开政府这层面纱,直接考察官员治理,让政府在阳光下真实地运行。那么,官员治理有哪些特征?官员的激励和约束机制是怎样的?新阶段的官员治理又该如何完善?

一、官员的治理特征

之所以说政府存在面纱，是因为政府太抽象、太庞大了，我们并不清楚作为一个整体的政府到底在哪。有人说，我们平常不是看到很多像财政局、交通局、人事局吗？他们不就是政府吗？但这些都是政府的一个个职能部门，还是没有深入到本质。

我们知道，政府是由一个个官员组成的，因此政府治理的关键在于深入到政府的实质性个体——官员，特别是要搞好官员治理。

我们所说的官员治理主要有两方面的含义：一是指中央对地方官员的培养、选拔、任命、晋升、交流等行为；二是指地方官员自身所表现出的各种治理特征，如来源、去向、任期等。

很显然，我们无法直接观察到中央对地方官员培养、选拔等的具体程序，因此我们只能从官员特征角度来考察中央如何治理地方官员。

对一个官员而言，其任职的完整周期包括来源、任期、去向，同时还包括年龄、官员交流等。那么中国地方官员的治理特征如何呢？

自1984年我国实行下管一级的官员管理体制以来，中央只负责省级官员的任命，地市级官员交由省级政府负责。因此我们通过我国省级和市级官员（省委书记、省长和市委书记）的治理特征，来窥探不同层级官员治理的异同。

1. 官员的来源和去向

对官员选拔的关键在于确定其来源和去向，从大样本的统计分析可以描绘出我国地方官员的任职轨迹。

在官员的来源方面，本地晋升是主要来源。有学者统计了 1978—2005 年省级官员（包括省委书记和省长）的来源，发现在出任省长、省委书记的 326 人次中，近 60%都是由本省晋升而来的，而诸如外省晋升、来自中央部委、平调等其他几类来源基本都在 12%—15%之间，差别不大。我们统计了 2006—2014 年市委书记的来源，发现在出任市委书记的 261 人次中，最多同样为本地晋升，占总样本的 45.2%。

在官员的去向方面，具有明显的“晋升锦标赛”的特征，官员要么成功，获得晋升；要么失败，退居二线。有学者统计了 1978—2005 年省级官员的去向，发现除了在任的，在有明确去向的 307 人次中，约有 1/3 的官员调入中央任职，获得了晋升；还有 15%的官员被平调交流；退居二线的占 43%。我们统计了 2006—2009 年市委书记的去向，发现除了在任的，在有明确去向的 58 人次中，有 32 位升入省级或中央部门，占 55%；其次是退居二线的，有 14 位，占 24%。综合晋升和退居二线这两类官员去向的数据发现，对于省级官员，晋升和退居二线这两类占 77%；对于市委书记，这两类去向占 79%，印证了官员去向的“晋升锦标赛”特征。

2. 官员的任期

自 1981 年党的十一届六中全会通过《关于建国以来党的若干历史问题的决议》，正式废除了党政干部的终身制之后，官员的任期就变的有限。进一步，中共中央 2006 年颁布《党政干部职务任期暂行规定》，指出“党政领导职务每个任期为 5 年”，且“在任期内应当保持稳定”。

受中央政策文件的影响，省级官员的平均任期大致为 5

年，其中以3年任期居多，但中央对省级官员的任期有逐渐延长的趋势。有学者统计了1978—2005年省级官员的任期分布，发现在1978—2005年间，275个经历完整周期的省级官员样本中，任期长度从1年到13年不等，平均为4.7年，其中9年以下的占绝大多数，在90%以上；任期最多的为3年，其他依次是4年、5年和2年；从不同时间段来看，1978—1991年省级官员任期为3.5年左右，而1992—2005年的任期有所延长，平均为5.5年，增加了两年。

与省级官员相比，市委书记的调动更加频繁，平均任期因而相对较短。我们统计了2006—2014年市委书记的任期分布，发现市委书记的任期跨度为1—10年，均值为2.9年，短于省级官员；在任时间频次最多的为第1年和第2年，占比分别为25.7%和24.8%，要短于省级官员的3年。

3. 官员的年龄

对于官员的年龄，在20世纪80年代之前，国家对官员的年龄并无明确规定，使得一些领导干部年龄偏大。特别是在粉碎"四人帮"之后，一批老干部恢复工作，更加剧了这一问题。

据统计，1980年国家机关30多个单位的主要领导人的平均年龄为63岁，其中55岁以下的仅占9%，66岁以上的超过40%。

为了解决这一问题，1982年党中央颁布了《关于建立老干部退休制度的决定》，规定担任中央或地方省部级领导干部的同志，正职一般不超过65岁，副职一般不超过60岁。担任司局长一级的干部，一般不超过60岁。随后，中央又多次强调干部的年轻化，使得我国地方官员的年龄呈现年轻化。

有学者统计了1978—2005年间省级官员的年龄分布，发现省级官员的年龄在43—75岁之间，基本呈现正态分布，平均约为60岁；在1978—1991年间省级官员的年龄平均约为61岁，而到了1992—2005年年龄为58.7岁，降了2岁。我们统计的2006—2014年市委书记的年龄分布发现，市委书记的年龄处于42—61岁之间，平均年龄为54岁；年龄分布与省级官员基本一致，呈中间多两头少的分布特征。

4. 官员的异地交流

除了注重对地方官员的选拔和任命，我国还有一个很有特色的治理制度，那就是官员的异地交流。

改革开放以来，中央采取了一系列措施来积极推进干部的交流，20世纪80年代初期形成了定期交流制度，但早期以省内干部的异地交流为主。进入20世纪90年代以后，干部交流逐步扩展为跨省区的交流。

而且，中央也颁布了各项规章制度，对交流进行了规范。1990年颁布了《关于实行党和国家机关领导干部交流制度的决定》，由此拉开了干部交流的大幕。1999年中央印发了《党政领导干部交流工作暂行规定》，重点推行正职领导干部以及重点部门如公安、监察等干部的定期交流制度。据统计，1995年至2000年5月，我国有96%的市委书记、97%的市长进行了交流或异地任职。2006年又为了“进一步优化领导班子结构，提高领导干部的素质和能力，加强党风廉政建设，促进经济社会发展”，正式颁布了《党政领导干部交流工作规定》。

从下表省长和省委书记交流的特征来看，在1979—2005年间，我国30个省区（包括深圳）总计约有450人次出任各省书记、省长，其中发生了 49 次省委书记、省长交流。总结起来，主要有以下几个特点：

一是大部分地区都经历了官员的异地流入，而流出地则比较集中。从 A 部分可知，除了上海、陕西、广西、贵州和青海，其余 25 个省区都曾有异地官员流入任职，大部分地区都只有 1 次到 3 次，北京有 4 次流入，而河南最多，有 5 次流入。从流出地来看，有 10 个地区从未有官员流出，流出主要集中于甘肃和深圳(3 次)、吉林(4 次)、辽宁和河南(5 次)以及青海(6 次)。

1978—2005 年间省长省委书记交流的特征

A:具体省份分布		
流入地	次数	流出地
上海、陕西、广西、贵州、青海	0	北京、内蒙古、黑龙江、上海、山东、湖北、广东、广西、云南、新疆
天津、吉林、黑龙江、福建、江西、湖南、海南、四川、甘肃、宁夏、新疆	1	天津、山西、江苏、浙江、江西、四川、贵州
内蒙古、江苏、浙江、安徽、湖北、云南、西藏	2	河北、安徽、福建、湖南、海南、西藏、陕西、宁夏
河北、山西、辽宁、山东、广东	3	甘肃、深圳
北京	4	吉林
河南	5	辽宁、河南
	6	青海

B:区域分布							
	沿海省区			内地省区			
官员来自	沿海	内地	合计	沿海	内地	合计	总计
1978—1991	4	5	9	3	10	13	22
1992—2005	7	7	14	3	10	13	27
1978—2005	11	12	23	6	20	26	49

据徐现祥、王贤彬、舒元，《地方官员与经济增长——来自中国省长、省委书记交流的证据》，《经济研究》2007 第 9 期

二是不同时期官员交流的频次存在差异。将 1978—2005 年总共 26 年平均等分为前后 13 年，发现在 49 次交流中，其中 27 次是发生在后 13 年，而前 13 年只发生了 22 次。这说明伴随着制度的完善，官员的异地交流也越发频繁了。

三是不同区域之间的交流也有不同。对于内地省区，共发生 26 次交流，且在 1992 年前后正好都发生了 13 次。但沿海地区则不一样，在 23 次交流中，1992 年之前有 9 次，之后则增加到了 15 次。另外，对于沿海省区，来自沿海和内地交流的官员基本相同(11 和 12 次)，但对内地而言，其官员大多来自内地(20 次)，较少来自沿海(6 次)。

那么，我国官员异地交流的效果如何呢？有学者的研究发现，整体来说，官员交流能够使流入地的 GDP 增长率提高 1%左右，并且这种交流的效果是通过在流入地采取发展第二产业、重视第一产业和忽视第三产业的发展取向实现的。应该说，官员的异地交流制度对于缓解我国的区域经济发展不平衡具有很强的现实意义，这一制度应该继续坚持。

二、官员的激励与约束

前面我们在讲政府失灵的时候指出，政府失灵的原因主要在于政府的低效率，这主要源于官员的利益与社会的利益不一致。这就需要搞好官员的激励和约束机制。官员最在乎的是什么？显然是其仕途。当然，我们也不能否认存在完全不关心晋升的官员，只是其程度存在差异罢了。因此官员激励约束机制的关键就是如何把官员的晋升激励和社会的利益结合起来。一个最优的激励制度应该是将社会公众的满意度作为官员晋升与否的标准,但由于我国官员是由上级任命的,社会公众并不能直接决定官员的任命,因此这就成了上级的难题。

那让有能力的官员晋升不就行了?我们前一部分讲了,我国存在较大程度的地方分权,这让地方官员获得了很大的权利。此时,上级在监督地方官员时的成本是非常高的,因此要获得其能力和服务质量的信息是很困难的。

那么怎样才能处理这一问题呢?一个最简单直接的办法就是把官员的升迁与地方经济发展联系起来,谁在任地区的经济增长越快,那么就应该让谁升官!这一方法看似粗暴,却十分有效。因为此时上级不用花费更多的精力在日常监督上,而只需要看地区的 GDP 增长率即可。

但不同时期、不同地区的情况千差万别,因此在现实中通常采取相对绩效评价即同时期两地区或相对于前任的 GDP 增长情况,这就是改革开放以来我国构建的以 GDP 增长率为核心的晋升锦标赛。

现有对我国省委书记和省长的研究确实发现了,如果官员所在地区的相对 GDP 增长率越高或者相对本地区前任官员的 GDP 增长越好,那么其晋升的概率会大大增加,且后者的作用要更大,这主要是由于我国的地区间差异巨大所致。

这种激励机制的好处是,不仅能够把官员的权利以一种内在激励的方式引导到大力发展地方经济上来,而且提供了一种相对公平和准确的评估官员的方法,因而在很大程度上解决了地方官员的激励难题,使得我国地方官员推动经济增长的热情世所罕见,也是我国保持长期高速经济增长的重要原因所在。

当然，这种激励也有一些不好的地方。

一个是激励扭曲问题，就是官员只关心短期的经济增长，而不关心其他民众福利，如教育、医疗、环境等，因为这些都需要长期的投入，无法在短期内给官员带来直接的经济绩效。

二是导致一些官员为了政绩，热衷于一些大工程、大项目的建设，比如前些年各地的机场热、开发区热等，很多并不符合当地的实际，导致大量的重复建设和资源浪费。

还有一个就是可能恶化政府的财政状况。由于我国地方政府基本不会破产，因此为了促进经济增长以提高晋升的概率，地方官员会采取一切手段，如向银行贷款、发行债券等方式来扩大投资，使得我国的地方债逐年增加，政府的财政状况不容乐观。

为了扭转这些不好的方面，就要进一步修正官员的激励约束机制，近年来中央适时地提出"科学发展观"和"和谐社会"的理念，并进行了相关的改革。

第一个是强调了绿色 GDP 的概念，在传统 GDP 的核算中扣除环境资源成本和对环境资源的保护服务费用。显然，绿色 GDP 占整个 GDP 的比重越高，说明 GDP 的质量越高。用这种指标能够纠正地方官员以环境污染为代价发展经济的动机，有助于 GDP 考核的优化和合理性。

拓展阅读

绿色 GDP

绿色 GDP 项目于 2004 年 3 月由国家环保总局和国家

统计局启动。2005年首先在北京、天津、河北等10省市试点核算环境污染损失,2006年完成《中国绿色国民经济核算研究报告2004》,这是我国第一份也是迄今为止唯一一份核算报告。但由于“技术难度”以及地方政府的阻力,这一项目于2008年搁浅。2015年3月,中共中央政治局发布《关于加快推进生态文明建设的意见》,强调以自然资源资产负债表、生态环境损害责任追究等制度为突破口,深化生态文明体制改革。以此为背景,2015年4月环保总局宣布重新启动绿色GDP项目,研究建立绿色GDP2.0核算体系。

第二个是提出要改变单纯强调GDP增长的考核方式,从更加综合的角度考虑官员的政绩,比如纳入了人均GDP、人均财政收入、人均可支配收入及其增长等,特别是要加入民众满意度这一指标,这将从根本上改变单纯由上级组织评估和任命官员的方式。官员不仅要“对上”负责,更重要的是要“对下”负责。

拓展阅读

政绩考核评价体系的转变

2006年中共中央组织部下发《体现科学发展观要求的地方党政领导班子综合考核评价试行办法》,指出要从综合评价的角度考核地方官员,特别是要把群众满意度纳入政绩考核。随后一些地方开始改革官员政绩评价体系,如2008年开始山东省将职工薪酬增长纳入官员考核范围、2010年起广东官员考核中GDP比重不超过三成,越来越多的地区开始将一些民生、环境作为官员考核的重要指标。

对于群众满意度，中央组织部自2008年7月委托国家统计局每年在全国和中央、国家机关开展组织工作满意度的民意调查。陕西省考核办每年都会通过12340社情民意调查来进行群众满意度调查，并作为考核政府领导班子的核心指标。湖南也将民众满意度纳入干部考核，不足80%的将不予提拔。广东综合考察群众满意度，于2011年公布了“幸福广东”指标体系。近期，四川甚至准备将民营企业满意度测评纳入领导干部考核体系。

总结一下，对官员的激励需要以经济建设为中心，但同时又要施加约束机制，在发展经济的同时不能损害人民群众和环境的利益，要实现科学发展。

三、官员治理的新进展

当前我国经济已进入“新常态”，中央在官员治理方面有了新的重大举措，为“新常态”下的经济提供支撑。特别是十八届三中全会以来，中央提出要加快转变政府职能，强调“科学的宏观调控，有效的政府治理，是发挥社会主义市场经济体制优势的内在要求”，并提出具体的措施，要完善成果考核评价机制，纠正单纯以经济增长速度评定政绩的偏向，要加大环境损害等指标的权重，更加重视就业、居民收入，社会保障等因素。

随后，中央发布了一系列具体的政策，2013年12月中央组织部印发了《关于改进地方领导干部政绩考核的通知》，明确要求在考核官员时要注重考核发展思路、发展规划的连续性，既注重考虑显绩，更注重考核打基础、利长远的潜绩，这将有利于纠正地方官员普遍存在的短视行为。2014年又重新修订《党政领导干部选拔任用条例》,强调对干部的考核要突出干部的“一贯表现”,不仅如此,条例还指出,“应当注重培养选拔优秀年轻干部,注重使用后备干部,用好各年龄段干部”,并要求进一步实行党政干部交流制度。

当然,官员治理仍需进一步加强与完善。完善新阶段的官员治理需要从以下几个方面着手:

首先是要清晰界定政府与市场的界限,弱化官员对资源配置的直接干预能力,这也是我们在前面一直强调的。就是要明确官员什么事该管,什么事不该管,“把权力关进制度的笼子里”,如此方才可以保证各项治理机制能够有效运行,这是完善官员治理的大前提。

其次是真正落实修正官员考核体制的政策,这是完善官员治理的关键所在。尽管目前中央已多次强调要修正单纯关注GDP增长的官员考核体制,代之以综合性的考评机制,也颁布了相关的政策,但问题的关键在于需要保证这些政策能够有效的实施。

再次是要坚持和改进一些具体的治理机制。比如坚持官员的异地交流制度、推进官员的年轻化和年龄的合理分布,比如延长官员的考核周期,变任期考核为终身考核,并保持终身问责机制。此外,还需要加强媒体的监督作用,使官员治理在阳光下运行。

只有真正的完善以上几个方面,才能保证培养、选拔、任命真正的好干部,为我国经济和社会的长期稳定、健康、和谐发展提供有力的基础。

第四节 深化政府治理改革的方向

十八大报告中明确提出,要建设人民满意的服务型政府。以此为目标,政府治理改革应该如何继续深化,方向在哪里?

一、摆正法律制度的位置

“规则、合规和问责”是现代治理的重要理念。对于政府治理而言,最重要的规则就是法律和制度,所以必须摆正法律制度的位置。

1. 避免政策与法律法规错位

我们目前的政府治理中,经常出现政策和法律法规错位的现象,表现为“‘黑头’不如‘红头’,‘红头’不如‘口头’”,即“法律文件不如政府部门文件,部门文件又不如领导讲话”,主要原因在于没有摆正法律制度在政府治理中的位置。因此要构建有效的政府治理,就需要重塑法律制度与政府治理的关系,避免“重政策轻法律、用政策取代法律、用政策否定法律”等现象。

2. 重视“清单式”治理

2015 年 3 月,中共中央办公厅、国务院办公厅印发了《关于推行地方各级政府工作部门权力清单制度的指导意见》,以权力清单、责任清单、负面清单为主要内容的“清单式”治理随之登上政府治理的舞台。“清单式”治理适应了政府治理转型的需要,是主动运用法律制度引领政府治理改革的伟大尝试。权力清单和责任清单，有助于政府治理的合规和问责；负面清单有助于政府权力由无限向有限的转变，在法律制度以外，给予市场主体和社会主体充分自由。当然，负面清单要特别强调，不应追溯因负面清单变化而引致的违法违规责任。

治理案例

权力清单、责任清单、负面清单与“清单式”治理

李克强总理在出席2014天津夏季达沃斯论坛开幕式致辞时强调：中国全面深化改革未有穷期，政府应带头自我革命，开弓没有回头箭。他同时给制度建设开出三张清单——“权力清单”“责任清单”和“负面清单”，这一“捆绑政府的手，放开市场的腿”的举措厘清了政府和市场的界限，详解了简政放权的改革思路。

2014年7月，上海自贸区推出2014版“负面清单”，对2013版“负面清单”进行修订“瘦身”后，特别管理措施由原先的190条调整为139条，调整率达26.8%，其中实质性取消了14条管理措施，放宽了19条管理措施，进一步开放的比率为17.4%。而在“负面清单”施行前，外资准入管理原有1000多项审批。在“负面清单”制度实施后，企业准入条件进一步放宽。

这三张清单分别解决什么问题？用李克强总理的话来回答，就是政府要拿出“权力清单”，明确政府该做什么，做到“法无授权不可为”；给出“负面清单”，明确企业不该干什么，做到“法无禁止皆可为”；理出“责任清单”，明确政府怎么管市场，做到“法定责任必须为”。

政府这双看得见的手和市场这双看不见的手在经济社

会发展过程中如何施展终于有了更清晰的界定。有人比喻说,“三张清单”相当于先给企业等市场主体松绑,再捆住政府乱作为的手,待政府的责任明确后,研究如何发挥政府“有形之手”的作用,确立政府与市场的新关系、新秩序。如果说负面清单、权力清单是针对政府乱作为,那么责任清单则是针对政府不作为。

——据《三张清单看改革》,2014 年 10 月 9 日《光明日报》

3. 以“官邸制”推进政府治理制度化

政府官员违规建房、“以权谋房”成为腐败的新形式。政府官员住房方面的特权泛化,一个重要因素就是政府在任期内的住房缺乏制度化,让有些投机的官员有机可乘。为了避免政府治理出现上述问题,有些国家实行了官邸制,例如美国法律规定政府对民选的联邦、州、市等主要官员,如总统、副总统、州长、副州长和市长提供官邸,任职期间内官员可享用官邸,任职期满则应搬出,德国和法国等国家也有类似的制度。我国在十八届三中全会《决定》中也涉及了探索实行官邸制的内容,这不仅有助于遏制政府官员的以权谋房行为,其意义还在于对政府治理制度化的示范作用,有助于普及政府治理要在法律制度框架内进行的理念,真正做到让“权力在阳光下运行”。

治理案例

官邸制与政府治理

官邸制,作为一种公务人员住房的制度,已在国外实施多年。十八届三中全会通过的《中共中央关于全面深化改革若干重大问题的决定》提出，要探索实行官邸制。短短几个字，瞬间成为社会讨论的热点。作为“中国特色官邸制研究”课题负责人，国家行政学院教授、中国行政体制改革研究会副会长汪玉凯接受了京华时报的专访。他介绍，课题报告由中国行政体制改革研究会以建议形式上报中央，建议提出了适用于官邸制的4类官员。

京华时报：官邸制报告在什么背景下起草的？

汪玉凯：1998年“房改”以前，我国的领导干部曾长期享受着国家福利分房，“房改”后，官员住房逐步走向市场化。

在这个过程中，产生了一些严重的住房腐败问题。比如部分领导干部超标违规、非法占有、集资建房等，或者利用手中职权，以明显低于市场的价格购置商品房、限价房等。至于领导干部因为工作调动、异地任职，或者高级干部进京等，由国家为其提供住房中存在的国有资产严重流失的问题，更是相当普遍。

可以说，部分领导干部“以权谋房”，已经成为领导干部腐败的新形式、新趋势。干部住房监管制度改革势在必行。

官邸制的课题在2013年7月形成了三个研究报告《国外官邸制研究》、《中国古代官邸制研究》和《当前我国领导干部住房现状分析与改革趋势》，并以中国行政体制改革研究会的名义及《关于建立中国特色“官邸制”的建议》上报中央，最后被中央采纳,体现在《决定》中。

京华时报:官邸制实施范围包括哪些?

汪玉凯:官邸制人员适用范围宜限定在四个方面。一是党和国家领导人中的总书记、国家主席、国务院总理、全国人大委员长、全国政协主席及其他政治局常委;最高人民法院院长、最高人民检察院检察长;二是省、自治区、直辖市的书记、省长(自治区主席、市长)、人大主任、政协主席以及法院院长和检察院检察长;三是市、县(含县级市)两级的书记、市长县长、人大主任、政协主席、法院院长和检察院检察长;四是异地交流的领导岗位如组织部长、纪委书记等。如果不属于异地交流任职的官员,可以执行正常的房改政策,不属于适用官邸制的范围。

京华时报:官邸房源从哪里来?官员住是否收费?

汪玉凯:按照国际惯例,绝大多数官邸和公宅都是免费入住的,即使交费也是象征性的。按照我国国情,对于所有国家拥有的官邸和公宅,实行免费入住较为合适。官邸和公宅的内部设施和维修,国家要建立统一制度予以规范。

京华时报:官邸制应该有哪些制度规范?

汪玉凯:首先要建立全国统一的“官邸制”监管制度,包括建立领导干部住房申报制度及住房档案,对多占住房的要限期清退,逾期不退的,除按市场标准加倍收取租金外,按照干部管理权限及程序交由纪检监察部门严肃处理。

必须建立和健全惩防并举的干部住房监管制度体系,纪检监察机关、公安机关和房地产建设管理部门联合监管,多方联动才能真正起到监管的效果。

同时,加大住房腐败惩治力度,尽快建立和健全领导干部住房腐败问责制度,明确住房腐败的问责对象、程序、内容、方法和责任追究范围。此外,还要建立领导干部住房信息公开制度,才能充分接受人民群众的监督。

——据《官邸制报告起草人汪玉凯谈中国特色官邸制》,2013 年 12 月 12 日《京华时报》

二、继续推进简政放权

一直以来,“门难进、脸难看、话难听、事难办”被称为是描述政府部门作风的十二字真言。比如我们常常观察到人民群众找政府办事时的无助,在大街上随便拉一个人问在政府盖章办事的过程,估计都是痛苦的回忆。这样的新闻也不绝于耳,有北漂小伙为办护照返乡 6 次,有民营企业为盖一栋办公楼跑 39 个部门盖 200 多个章,甚至有全国劳模险些因为没有盖完章而放弃申请的事情出现,“公章马拉松”何时能跑完?政府治理在哪些方面完善,有助于解决类似问题?

治理案例

盖章难与政府简政放权

据报道,2012 年底广州的李女士想把户口从广州迁至家乡郑州,“马拉松”就此开始。

据统计,李女士为此需要准备以下 10 余份材料:1. 河南省人才市场出具的存档凭证;2. 转档案保证书;3. 人事档案;4. 行政关系介绍信;5. 工资介绍信;6. 新参加工作人员转正定级表;7. 工资变动(晋升)表;8. 劳动合同;9. 毕业证;10. 户籍所在地公安机关开具的户籍证明;11. 户籍所在地无违法犯罪记录证明;12. 郑州市公安机关开具的准迁证;13. 广州市公安机关办理迁移证,资料准备齐全之后再等 40 个工作日。

结果,直到 2013 年 8 月,李女士盖了 25 个章,户口依然没有到手。

——据《盖章为何这么难》,2013 年 8 月 20 日《新京报》

从本质上看,各种盖章的行为事实上还是政府对市场和社会的过度干预,二者的边界没有界定清晰。为此,我国经过了多次政府机构改革,逐步减少、下放审批项目。2013 年 3 月,国务院总理李克强在记者招待会上表示,在过去十年取消和调整近 2500 项行政审批项目的基础上,本届政府下决心要削减目前 1700 多项审批事项的三分之一以上。2013 年 5 月,国务院办公厅正式发布文件,宣布取消和下放 117 项行政审批项目,并公布了其中 104 项的清单。

然而,目前的审批改革还远远不足。一方面,当前取消的事项大多是一些可有可无的、含金量不高的项目,真正涉及政府"割肉"的项目依然还存在。

另一方面,即使是不得不"割肉",一些地方政府也可能会设置新的障碍,很大程度上削弱甚至抵消了改革的成效。因此,国家也正在进行分批改革,逐步进行"割肉"甚至是啃"硬骨头"的改革。

当然,简政放权并不是要取消所有的行政审批,在一些重要的事项上,如食品安全、工程建设等问题上,必须要有严格的审批。但对这类审批也不是简单的盖章就完事,而是需要在日常中加强监管。在其他更多的事项上,行政审批事实上并非必须的,比如福建华安县一老人到电信局办业务,居然被要求开具本人还健在的证明！

为此我们需要从以下几个方面加以改进：

首先是要明确构建服务型政府的治理目标，其中最核心的就是以转变政府职能为抓手。为何盖章难？问题的前提是政府掌握了人民赋予的盖章权力，但却错误的认为自己就是权力的拥有者，强调政府的管理职能。正因如此，十八大报告才适时的提出要转变政府职能，就是要变管理为治理，强调政府治理的疏导功能，切实反映群众的诉求！

其次是要从根本上改变政府官员特别是基层官员的作风。简政放权、服务型政府，这些都是理念上的，问题的根本在于执行。对于老百姓办事来说，他们面对的是基层的政府工作人员，这些人员的作风将在很大程度上决定了老百姓的感知。因而就需要改进工作作风，以“便民”为宗旨，以“省、快、简”为原则，切实地为人民服务。

最后还要加强监督，特别是日常的、动真格的监督，让改进作风成为一种常态，而非一阵风似的运动，方才能使民众觉得，去政府办事不再是件头疼的事。

三、加快推进公务员编制改革

近年来，一些地方发生的暴力执法现象严重影响了政府形象，例如 2013 年广东佛山高速公路警员暴力执法事件、延安城管踩人事件，2015 年陕西渭南城管暴力执法等等。特别是出事之后，大部分都被称为是“临时工”所为，以辞退这些“临时工”了结。“临时工”问题将政府形象推到了风口浪尖，这要求亟需在政府治理层面推进公务员的编制改革。

治理案例

政府形象无“临时”

近日，在陕西渭南某区县，3 名农民工受雇给一家商铺安装门头时，遭 5 名城管协管员阻拦，引发肢体冲突。面对公众的质疑，当地城管部门回应称，打人者是协管员，并已将 5 名协管员清退。

近年来，野蛮执法事件在不少地方时有发生，追究起来很多事情却是“临时工”所为。人们不禁要问：这些非定编人员往往身着制服执行公务，这符合相关法律规定吗?

《中华人民共和国公务员法》明文规定，“录用公务员，必须在规定的编制限额内，并有相应的职位空缺。”同时法律也对执法人员穿着制服有明确规定。然而，由于种种原因，不少地方有法不依，往往以“人手不够”为由雇佣临时工。这种做法，不出事则皆大欢喜，出了事则以“他是临时工”为由推卸责任。这恰恰暴露出某些职能部门的“定员编制”形同虚设，既滋养了定编人员松、懒、散的工作作风，也给“临时工”混入队伍开了绿灯。更为严重的是，野蛮执法不仅败坏了行政主体的公务形象，还影响了党群、干群关系，让党和政府的形象背了黑锅。

笔者以为，不管是谁，只要代表行政主体执行公务，就必须遵守相关规定，模范遵守宪法和法律，而绝无“临时”可言。即便非公外出，不着公务制服，根据有关规定，其潜在身份也要求修身律己，不能随意做出有损形象的事。

——据《野蛮执法多是“临时工”所为？公务形象无“临时”》，2015 年 1 月 20 日中国经济网

严格意义上讲，自 2008 年《劳动合同法》实施以后，我国

已无“临时工”，确切的应称之为“合同工”，但为表述方便我们还是以“临时工”代之，毕竟这一称呼具有广泛的认知基础。首先我们需要了解什么是“临时工”。这是与“正式工”相对应的概念，是指公共部门中没有编制的人员。显然这又引发另一个问题，什么是编制？

所谓编制，是指机构编制管理机关核定的行政机构和事业单位的人员数额和领导职数。在咱们国家，编制通常可分为行政编制和事业编制两类，前者就是通常说的公务员。后者则是指各类事业单位所使用的人员编制，广泛存在于教育科研、城市公用等事业单位。

我国在编制的管理上是非常严格的，实行的是“统一领导、分级管理”的计划管理体制。统一领导，是指党中央、国务院统一领导全国的编制工作（中央机构编制委员会负责，由国务院总理任主任，既是党中央的机构，又是国务院的机构），制定编制工作的政策法规、审核各级政府的编制总额；分级管理是指地方各级党委和政府负责当地的编制工作，在中央核定的编制总额内，分配并审核本地区各级政府和事业单位的编制。

这样的话，那就应该是“一个萝卜一个坑”，为什么还会有“临时工”呢？这主要是因为最初的时候，政府的职能相对较为简单，需要的人也少，编制自然够用，不需要雇佣“临时工”。

然而伴随着经济的快速发展，政府管的事越来越多，这就需要大量干活的人。但遗憾的是，我国对编制的管理具有很强的刚性，很多地方和机构的编制总量一直没有增加，没有办法来适时的调整编制规模，导致了“人少事多”的困境。

为此，政府部门最常用的就是雇佣编外人员，也就是“临时工”来完成工作，由此形成了目前政府机构中“正式工”和“临时工”并存的局面。“正式工”和“临时工”，有些类似于我国古代的“官”和“吏”：前者由政府公开选聘，享受各种福利待遇，同时享有实际的权力，经常身处“庙堂之高”；后者由具体政府部门或个人聘用，无法享受各种正式公务员的福利，没有实际执法权等行政权力，但由于经常身在“江湖之远”，却拥有一定的协助处理事务的执行权力。

自上世纪90年代以来，雇佣“临时工”已成为政府部门解决人员需求与编制供给矛盾的主要手段，特别是一些直接面向公众、事务繁琐的部门，如城管、公安，雇佣了大量的“协管”、“协警”等“临时工”，甚至超过了“正式工”。据报道，2014年北京各类临时工高达20万，是“正式工”的3倍。

而相对于“正式工”，广大“临时工”却在收入、劳动强度和社会保障等方面处于劣势。我们采用西南财经大学开展的中国家庭金融调查(China Household Finance Survey，CHFS)考察了我国政府部门中二者之间的差距。该数据包含了2011年全国8438户家庭的收入、社会保障、人口特征等微观数据(数据为2010年)。

如表中数据所示，在工资方面，“正式工”的工资收入为34290元，“临时工”只有19930元，少了14360元，奖金少3290元，补助少1050元。从总收入来看，前者为42140元，而后者只有23120元，前者是后者的1.8倍，差异高达19020元。

正式工和临时工的差距

变量	样本	正式工		临时工		差距
		样本	均值	样本	均值	
工资(万)	1163	779	3.429	384	1.993	1.436
奖金(万)	1159	775	0.643	384	0.314	0.329
补助(万)	1168	781	0.179	387	0.074	0.105
总收入(万)	1102	726	4.214	376	2.312	1.902
年工作月数	1214	821	11.034	393	10.393	0.641
周工作天数	1213	822	5.171	391	5.420	−0.249
日工作小时	1210	821	7.995	389	8.261	−0.266
退休保障	1203	811	1.541	392	1.091	0.450
社会医疗保险	1213	821	0.957	392	0.908	0.049
医疗保险	1200	808	0.406	392	0.334	0.072
住房公积金	1214	821	0.769	393	0.323	0.446

注：退休保障是指退休后是领退休工资还是社会养老保险，退休/离休工资为2，社会养老保险为1，都没有为0；社会医疗保险是指是否拥有社会医疗保险，有为1，否则为0；医疗保险是指有没有失业保险，有为1，否则为0；住房公积金是指是否有住房公积金，有为1，否则为0。

工作时间方面，“临时工”每天工作8.26小时，比“正式工”多四分之一小时；而每周“临时工”要比“正式工”多工作四分之一天。但从年工作时间来看，“临时工”反而较少，这主要是由于“正式工”一般需要坐班，而“临时工”由于不在编，工作时间较为宽松。

在社会保障的四个方面，“正式工”均具有显著优势，特别是在住房公积金方面，76.9%的“正式工”拥有住房公积金，而只有32.3%的“临时工”拥有住房公积金。

可以看出，相比“正式工”，“临时工”的收入低、工作时间长且社会保障差，处于“既患贫又患不安”的状态，这会造成其心态的不平衡，想尽办法来弥补其收入的不足。

而尽管这些“临时工”没有编制，但却拥有一定的“协助执法权”，因此才会有各种粗暴执法甚至贪污受贿案件的发生。

为此，加快推进公务员编制改革，应从如下几个方面着手：

首先，需要推动编制的动态管理体制，比如定期（如每两年一次）依据动态调整各地的编制，实现供给与需求的动态统一，从源头上遏制“临时工”的存在。

其次，建立完善的全民社会保障体系，实现编制内外的统一。事实上，近期国家已经在推进社会保障的改革。比如社保，2014 年 5 月 15 日，国务院发布《事业单位人事管理条例》，第三十五条规定“事业单位及其工作人员依法参加社会保险，工作人员依法享受社会保险待遇”；比如养老保险，2015 年 1 月 14 日，国务院颁布《关于机关事业单位工作人员养老保险制度改革的决定》，要求我国机关事业单位“实行社会统筹和个人账户相结合的基本养老保险制度”。

再次是要实现不同部门间的“同工同酬”，保障“临时工”的工资待遇，同时严格管控其执法权，这将有助于从根本上遏制暴力执法现象的发生。

最后是要加快改革步伐，打破编制的“铁饭碗”，实行聘任制，消除编制引致的身份差异，为编制内外的个体创造平等的发展机会。事实上，尽管目前国家并无关于聘任制的明确规定，但自 2007 年深圳试点公务员聘任制以来，这一制度已陆续在江苏、福建、四川、浙江、山东等地实行或试点。

通过以上几方面的改革，方才能从根本上解决公务员编制所导致的各种政府治理问题，拉近政府和公民之间的距离，更好地维护社会和谐。

第四章　社会组织治理:激发社会活力的关键

纵观历史,自 1978 年改革开放伊始,中国社会组织的发展突飞猛进,不仅数量迅速增长,而且形式也多种多样,这一变化极大地提升了社会组织在社会治理中的地位,社会组织的治理问题也逐渐引起人们的广泛关注。那么,什么是社会组织?社会组织在社会治理中具有怎样的作用?社会组织治理的特征、结构与机制如何?社会组织治理又具有怎样的改革方向?

第一节　什么是社会组织

提到社会组织,我们首先想到的可能是红十字会、基金会、公立医院、学校等等。那么,这些社会组织有哪些特点,同我们常说的营利组织以及政府部门有什么区别与联系?社会组织又有哪些具体分类?

一、社会组织及其特点

企业是基于追求自身利益最大化目的之上的经济人的集合体,它通过生产、销售和市场对资源的配置机制来赚取利润;政府是建立在社会公权力基础之上的,以国家强制力为后盾，为社会提供其他组织及个人不能或不愿提供的公共物品及公共服务。社会组织既不同于政府机构，也不具备企业的营利性，是介于政府与企业的中间组织。社会组织是在社会利益分化与重组的过程中，不同群体利益的代表，由社会成员志愿地结合而成，通过吸收社会资源，来保护或增进他们的利益或价值。

社会组织结合了政府和企业的优点，不仅具有企业的灵活性，也能在公益方面承担相应的责任。正如每个人都有自己的行为准则或目标，组织也有其自身的运行规则。企业的经营目的是挣更多的钱，而社会组织的行为准则却是一切行动都以公共利益为目标。总体而言，社会组织是政府和企业的补充，分管政府及企业无暇涉及或监管不足的领域。

社会组织作为不同于政府和企业的第三部门，不以营利为目的，具有民间独立性质。小到一个社区的街道办事处，大到红十字会等大型组织，都属于社会组织的范畴。倘若社会组织不复存在，那么我们将无处就医、无处就学，连正常的学习、生活都不能得到保障。这种情况一旦发生，不难想象以后的社会将是怎样的混乱场景。

由此可见，社会组织现在已经成为我们生活中不可或缺的重要组织形式，对于整个社会的发展起着至关重要的作用。例如在汶川地震中，社会组织快速反应、及时行动，发挥了政府部门和企业组织所无法取代的作用。

治理案例

社会组织及其作用

2008 年 5 月 12 日 14 时 28 分，四川省阿坝藏族羌族自治州汶川县发生了7.8级大地震,是继唐山大地震之后伤亡最惨重的一次地震。

次日上午,57家民间组织发出声明:共同支援灾区,关注灾后重建。各类社会团体、社会服务机构以及志愿者团队,积极投身救灾活动,为受灾群众提供各种援助服务。民间公益组织所涉及的捐款、物资至少超过10亿元。仅民间公益组织四川救灾联合办公室的一个物资渠道,所募集的物资就超过了1000万元。

民间公益组织在汶川地震中起到了巨大的作用,它所提供的社会服务成为政府救灾力量的有益补充。不仅在物资上提供了巨大的支持,而且积极配合政府工作,并提供技术和信息支持;民间组织也充分调动了志愿者力量。社会组织在汶川地震中发挥了举足轻重的力量,充分肯定了社会组织在社会管理活动中的地位。

——据《中国民间组织发起参与汶川地震救灾行动联合声明》,2008年5月13日中国新闻网

接下来,我们通过对比社会组织、企业组织和政府部门这三者之间的区别,来加深对社会组织的理解。

显而易见,企业组织的经营目标是为了挣钱,是典型的营利性组织,而社会组织和政府则属于非营利机构,不以赚取利润为目标,这是三者的本质区别。

当然,这三种组织类型的区别不仅体现在经营目的方

面，其资金来源和去向也有显著的差别：社会组织的资金多来自于私人捐赠，政府的主要经济来源是税收；而企业则是由投资人出钱或通过公开发行股票等方式来筹集资金。

至于组织内的盈余，社会组织不分配盈余而是将之用于未来的公益事业，企业会适时对股东或员工进行分配，比如向股东分发股金红利、给优秀员工实施现金奖励等，政府则并不以追求盈余为目的。

社会组织、企业组织和政府部门的比较

性质 部门	运营目的	资金筹措方式	盈余分配
社会组织	非营利：谋求社会福利或团体利益	1. 自愿性：来自私人捐赠——公益 2. 具有明显的对等关系——互益	不分配盈余：必须保留盈余用于未来事业
企业组织	营利	1. 自愿性：价格来交换产品与劳务 2. 具有明显的个别对等关系	分配盈余
政府部门	非营利：谋求社会福利或团体利益	1. 强制性：以税收支付政府支出 2. 不具有对等关系	不以追求盈余为目的

二、社会组织的分类

随着社会的不断发展，社会组织的形式也日益多样化。一般来说，按照组织成立方式加以区分，我国社会组织主要包括社会团体、基金会、事业单位和民办非企业单位等几种类型。

1. 社会团体

社会团体是指参与人自愿加入，具有共同的参与意愿或目标，并且必须按照团体规章制度开展活动的非营利组织，比如工会、共青团、妇联、工商联、消费者协会、各类学会和研究会等。以管理学会为例，任何加入管理学会的成员应该都是自愿的，不会被强制必须加入。他们之所以想要加入这样的学会，就是因为有着共同的爱好，希望能够在研究学习中寻找乐趣。同时，管理学会也有相应的规范，每位成员必须遵守，否则可能会遭受惩罚或被要求强制退出。

2. 基金会

基金会就是利用其他人或组织捐赠的财产或物资，从事公益事业的社会组织。中国最初建立的基金会有中国老年基金会、中国残疾人福利基金会、中国福利基金会、宋庆龄基金会、中国青少年发展基金会等。2004 年《基金会管理条例》颁布实施，政府逐步放开对基金会的注册登记，基金会作为一种社会力量开始得到发展。由于“第三部门”的发展滞后，中国 80％以上的非公募基金会都以企业基金会的方式注册成立，而且发展速度远超公募基金会。福布斯发布的中国富豪榜 100 强中，近 40％的企业家成立了基金会。在企业基金会中，民企基金会在数量及资金量方面都处于主导地位，占企业基金会总数的 76％，总资产超过 100 亿、占企业基金会总额的 78％。我们以李嘉诚基金会为例，来介绍基金会的作用。

治理案例

李嘉诚基金会

李嘉诚基金会成立于 1980 年，是由香港富商李嘉诚创办的，目的是为了更加系统地资助香港及世界各地的慈善服务。基金会的资助项目主要涉及教育、医疗、文化及其他公益事业。

自1997年起,李嘉诚基金会先后向北京大学、香港公开大学、香港大学、多伦多大学等多所国内外高校进行捐款。

与此同时,李嘉诚基金会还为我国的医疗事业贡献了很大力量。举一个例子:2005年,李嘉诚基金会与青海塔尔寺藏医院共同开展了青海藏区医疗扶贫项目。截至2016年1月8日,李嘉诚基金会共捐资1458万元,塔尔寺藏医院投入350万元,义诊施药受惠农牧民15万人次。

能够帮助社会上无助的人,是李嘉诚先生认为最有意义的事。历年来,国内多次严重的自然灾害如水灾、地震等,基金会及李先生旗下集团均率先做出捐献,救灾赈济,发扬民胞物与的精神。

——据《李嘉诚基金会捐资青海藏区医疗扶贫项目》,2016年1月8日中国新闻网

3. 事业单位

事业单位对我们来说并不陌生,公立高校就是一种典型的事业单位。综合公立学校的特点,就不难理解事业单位的成立方式了。首先,高校是不以营利为目的的,其成立宗旨就是为了培养人才,推动国家文化事业的进步。其次,高校的资金通常来源于国家,利用国有资产进行教育活动。除了

高校以外，事业单位还包括其他从事教育、科技、文化、卫生等活动的社会服务组织。

4. 民办非企业单位

民办非企业单位也可以从事教育、科技、文化、卫生等活动，与事业单位不同之处在于其资产来源并非国有，而可能来自企业、事业单位、社会团体和其他社会力量以及公民个人等。我们通常所说的民办学校、民办医院、民办敬老院等都属于民办非企业单位，它们也是从事社会公共服务的社会组织。

第二节 社会组织在社会治理中的作用

随着治理理念地不断深入，继公司治理、政府治理之后，社会组织治理也开始引起人们的广泛关注。那么，什么是社会组织治理？社会组织在社会治理中发挥着怎样的功能？

一、社会组织治理的内涵

生产一部手机，如果一个人包揽所有工序，就必须先学会各项技巧，然后在生产线上不停地奔走忙碌。即便如此，一天也只能生产出一两部手机，还把工人累得筋疲力尽。人们发现这种无效率的行为后，便想出了一种既省力，效率又高，而且产量也非常可观的方式，这就是分工的产生。

1776 年，亚当·斯密在《国富论》中首次提出劳动分工的观点。他认为国家财富的源泉是劳动，而增进劳动生产力的手段则是分工。亚当·斯密的分工理论形成以来，一直沿用至今,不仅在工厂的生产线上广泛应用,也在我们的日常生活中屡见不鲜。比如,小学生每次假期开学的时候,老师都会组织大扫除,有人扫地,有人擦桌子、擦玻璃,这就是分工的实际应用。

拓展阅读

亚当・斯密的劳动分工观点

亚当・斯密(Adam Smith),1723 年生于苏格兰法夫郡,是苏格兰著名的经济学家、哲学家,具有“现代经济学之父”的美誉。

1750 年,亚当・斯密在格拉斯哥大学不仅担任过逻辑学和道德哲学教授,还兼负责学校行政事务。1787 年被选为格拉斯哥大学荣誉校长,也被任命为苏格兰的海关和盐税专员。1768 年,亚当・斯密开始着手著述《国富论》,1773 年已基本完成此书。1776 年 3 月,《国富论》出版后引起了巨大的反响,影响所及欧洲大陆和美洲。亚当・斯密也因此被人尊称为“现代经济学之父”和“自由企业的守护神”。

亚当・斯密认为,分工的起源是由于人的才能具有自然差异,那是起因于人类独有的交换与易货倾向,交换及易货系属私利行为,其利益决定于分工,假定个人乐于专业化及提高生产力,

经由剩余产品之交换行为，促使个人增加财富，此等过程将扩大社会生产，促进社会繁荣，并达到私利与公益之间的协调。

他还列举了制针业来作以说明，“如果他们各自独立工作，不专习一种特殊业务，那么他们不论是谁，绝对不能一日制造二十枚针，说不定一天连一枚也制造不出来。他们不但不能制出今日由适当分工合作而制成的数量的二百四十分之一，就连这数量的四千八百分之一，恐怕也制造不出来。”亚当·斯密认为劳动才是获得财富的根本，而劳动分工将能大量的提升生产效率。

政府部门、企业组织和社会组织在社会治理中的角色也具有明显的分工特点：政府在政府治理上起着主导作用，但在公共服务领域就显得有些力不从心；企业所擅长的领域是经济方面，对公共服务领域也无暇顾及。因此，社会组织便承担起了公共服务领域的角色。

目前，我们提到较多的是公司治理或是政府治理，社会组织治理才刚刚引起人们的注意。虽然政府、企业和社会组织共同承担维持秩序、调节经济和协调社会发展的职能，但社会组织作为社会治理体系的最重要主体，社会组织治理理应引起人们的足够重视。

所谓社会组织治理，就是通过正式和非正式的制度安排来配置责权利，并协调社会组织与其他利益相关者之间的利益关系，以保证各利益相关者之间利益的有效平衡，最终实现组织宗旨。

可以说，当一群人为了非营利的目的，共同筹组合法的法人团体时，治理的功能便产生了，其最核心的内容就是社会组织的理事会（类似于公司内的董事会）为了指导该组织而采取的集体行动。身为理事会的成员，理事们应该针对与组织有关的事务表达自己的态度、信念及价值。

二、社会组织的治理功能

最初的社会管理阶段，社会位于“被管理”的位置上，主要在于实现某种社会功能，带有明显的中国特色。十七大提出的社会建设，仍然是一种中国特色的概念，在某种程度上被认为是一个社会保障体系或者社会民生体系。相对于社会管理和社会建设，社会治理逐步落脚到社会功能的实现和公共事务的治理上，并且关注于如何处理公共事务。近年来，随着社会力量的蓬勃兴起和发展，社会组织既承接了由政府转移出来的部分职能，又弥补了市场供给的某些不足，在一定程度上促进了多元化社会治理结构的形成。社会组织在社会治理中主要发挥以下几种作用。

1. 社会组织提高社会治理效率

正是由于政府、企业和社会组织这种各司其职的工作分配，才能够有效地提高社会治理效率，节省大量的人力、物力和财力。我们通常所说的“男女搭配，干活不累”，说的也就是各司其职的道理。由社会组织负责社会公共服务的相关事宜，政府不仅能够减少一部分负担，还使公共服务水平得到了提升。

政府将社会治理的主要功能交给社会组织，能够将政府政策落到实处，提高社会治理效率。一方面政府是社会组织开展工作的坚实后盾，为社会组织提供资金与政策援助，另一方面社会组织的良性发展也能反过来促进政府职能的发挥，提高社会治理的整体效率。

信息和网络技术发展使得社会问题更加多元化、复杂化，政府已经无力全部承揽。网络信息的实时性、互动性、跨域性、连结性、认证性、个性化等特征，已经广泛渗透到国家的政治、经济、社会等各个领域。以传播屏障的消除、信息的自由快速流动、媒体的跨地区和跨国界经营、传播手段的高度现代化、信息控制难度增大为特征的信息化社会，也都给我国正在形成的多元化社会治理体系带来了巨大的挑战。在我国政府职能转变，社会治理体系由以“个人魅力和权威”为基础转向以“提高效率和广泛参与”为基础的过程中，实现社会组织的有效治理，是充分发挥社会组织作为社会治理创新主体的关键，具有重要的理论和现实意义。

2. 社会组织畅通政府和民众之间的沟通渠道

党的十八届三中全会提出:“创新社会治理，必须着眼于维护最广大人民的根本利益，最大限度增加和谐因素”。人民的诉求在不断地发生变化，战争时代渴望和平，贫穷时期盼望温饱，当代社会，人民则希望提高生活质量。政府、社会组织都是为人民服务的，当然也要随着人民需求的变化而不断进行调整，做到与时俱进。

社会组织通常与基层民众联系紧密，更加了解“民间疾苦”。一方面，社会组织通过不断跟进广大人民群众的需求变化，并进行组织创新，能够激活社会发展的活力。另一方面，社会组织的作用还在于将民间的信息反馈给政府部门，促进政府部门和政府官员更好地为人民服务。

3. 社会组织促进资源合理分配

现代社会存在很多不平等现象,一些"富二代"、"官二代"肆意炫富,挥金如土,而贫苦山村里的一些孩子们却连饭都吃不饱,更别说上学接受教育了。我们常常会在新闻上看到,"希望工程"为某个贫困地区的学生捐赠衣物、文具和生活必需品等,这就是社会组织的力量。类似"希望工程"的这些社会组织为弱势群体带来了很多的帮助和关怀。

毫无疑问,世界上没有绝对的公平。联合国曾公布的一份调查报告显示,全球20%的人口拥有80%的财富,收入与机会不平等现象在全球普遍存在,甚至在某些地区趋于恶化。资源分配不合理的现状,由此可见一斑。如果不想办法缩小贫富差距,关注弱势群体,必然会给我国社会秩序的稳定带来一定程度的影响。

社会组织作为国家和社会大众之间的一座桥梁,一方面代表着基层人民的利益诉求,努力为他们寻求公平合理的机会,另一方面也受政府委托,协助其解决社会的突出矛盾。

社会组织的发展,为弱势群体争取了更多的资源和关注,"春蕾计划"、"关爱妇女"等活动都体现出国家越来越重视弱势群体。以"红枫妇女心理咨询服务中心"为例,该社会组织的服务对象主要是妇女这一弱势群体,通过开通咨询热线为她们进行心理疏导,为孤独、无助的妇女提供情感上的支持,并帮助她们了解自身优势,找回自信。此外,类似"红枫"的各种社会组织还起到上情下达、下情上达的作用,既可以积极向有关部门提供政策建议,又能把政府关怀传递给弱势群体。

拓展阅读

春蕾计划

1989年,在全国妇联领导下,中国儿童少年基金会发起并组织实施了一项救助贫困地区女童的公益项目——“春蕾计划”。截至2013年底,“春蕾计划”已捐建1200多所春蕾学校,资助240多万人次贫困女童的学费和生活费,对40余万女童进行实用技术培训。“春蕾计划”已经成为我国公益组织促进女童教育发展的成功范例。2005年“春蕾计划”被民政部授予“中华慈善奖”。

为全面科学地总结“春蕾计划”实施以来所取得的社会效益和基本经验,2005年,对“春蕾计划”社会效益进行了系统评估。评估指出:“春蕾计划”的实施促进了重男轻女传统观念的转变,为推进男女平等基本国策发挥了积极作用;辅助政府普及九年义务教育,促进了农村女性素质的提高;调动了民间资源,提高了公众公益意识,促进了社会公平。

2009年6月,根据社会发展和新形势的需要,中国儿童少年基金会不断拓展和丰富“春蕾计划”,推出了四个行动,即:“春蕾计划——助学行动,春蕾计划——成才行动、春蕾计划——就业行动和春蕾计划——关爱留守儿童特别行动”,使“春蕾计划”这一著名的公益品牌继续为解决贫困地区女童及留守儿童的生活和学习等方面的实际困难发挥重要的作用。

近年来,媒体不断报道针对女童的恶性伤害案件,受到了全社会的广泛关注,全国妇联对此高度重视,专门下发《关于进一步做好关注女童安全 促进儿童保护工作的通知》,相继召开儿童保护问题座谈会,对儿童受侵害问题进行舆情分析、深入研究,并制定出了源头参与司法保护、积极配合学校保护、主动做好家庭保护、努力推动社会保护等四项工作计划和安排。为了深入贯彻全国妇联《通知》精神,经过深入调研和分析,于2014年9月中国儿童少年基金会发布了《女童保护研究报告》,并特别推出"春蕾计划——护蕾行动",旨在帮助儿童尤其是留守流动女童增强防范意识和相关知识,对受侵害的女童及家庭进行帮扶。

第三节　社会组织治理:特征、结构和机制

社会组织是社会治理的重要主体,完善社会组织治理是建设现代社会治理体系的重要组成部分。社会组织治理的特征如何?为使现代社会组织制度"有血有肉",社会组织治理又该建构怎样的结构和机制?

一、社会组织治理的特征

从某种意义上说,社会组织的诸多治理功能与营利组织有诸多相似之处,但社会组织也有其自身独有的治理特征。

1. 所有者的缺位

与营利组织不同,社会组织存在着较为普遍的所有者缺

位现象。无论何种性质的企业，一般都存在明确的所有者，即使是委托代理链条较长的国有企业，在本质上也是将所有权归为全体人民。而许多社会组织，当其发起人或者捐赠人完成捐款行为后，即与社会组织的资产脱离了所有权关系，导致社会组织无法找到明确的人格化所有者，而只能将其资产归结为法律上的法人所有。无论是学校里设置的捐款箱，还是地震、洪涝等灾难发生时的匿名募捐，都很难找到实实在在的捐款人，并且捐款人与社会组织的资产也没有实际的关系。捐款完成后，捐款人与社会组织的关系也随之结束。

2. 出资与收益角色的分离

对于企业而言，虽然也存在基于委托——代理关系而产生的所有权与控制权相分离，但是在理论逻辑上，其原始“出资人”也是最终的“受益人”，所以企业的“所有权”与“收益权”是统一的。而对于社会组织特别是其中的公益性非会员制组织，“出资人”（捐助人）和“受益人”的角色是分离的，而且捐助人一旦完成了捐助行为即丧失其控制权。概而言之，社会组织存在所有权、控制权、经营权与收益权的“四权分离”。因此，社会组织治理的基础，比公司治理更为复杂。

3. 更广泛的利益相关者

在很大程度上，社会组织与企业组织的利益相关者是一致的，也包括出资人、债权人、理事会、管理层、组织员工、受益者、供应商、行业协会、政府和社区等相同或者类似的主体。但与企业以营利作为核心目标不同，社会组织的宗旨和使命更具社会意义，并且社会组织具有更为深远的社会影响力和更为泛化的公众服务对象，因此社会组织的利益相关者，相较企业组织而言更为广泛。

4. 治理环境的千差万别

从法律角度看，社会组织所适用的法律法规繁多，依据社会组织的性质和行业类型而有所不同，《事业单位登记管理暂行条例》、《民办非企业单位登记管理暂行条例》、《社会团体登记管理暂行条例》、《基金会管理条例》等分别针对某一特定类型的社会组织进行规制；从服务对象来看，不同的社会组织也存在着彼此迥异的服务群体，从学生到患者、从贫困人口到曲艺爱好者。由是观之，社会组织的治理环境千差万别，这一点是企业组织所无法比拟的。

二、社会组织治理的结构

从我国治理改革的历程看，营利性组织的治理改革先行，为此公司治理经历了治理结构搭建、治理机制建设以及治理有效性提升等阶段。社会组织治理虽然有着自身的特点，但我国社会组织改革的出路是建立现代社会组织制度，如现代医院制度、现代高校制度等等，这就要求社会组织治理与公司治理类似，首先要建设现代的治理结构和机制，进入社会组织治埋改革的新阶段。

社会组织治理结构，是说从静态的角度规范组织内的权力配置，强调通过分权与制衡来调动和组织资源，实现组织使命。社会组织的治理结构以理事会为核心、包括出资人/捐赠人、志愿者、监事、独立理事、管理层等内容。

出资人/捐赠人提供了社会组织的运营资金，也在相当大的程度上影响着社会组织治理的目标。例如，很多社会组

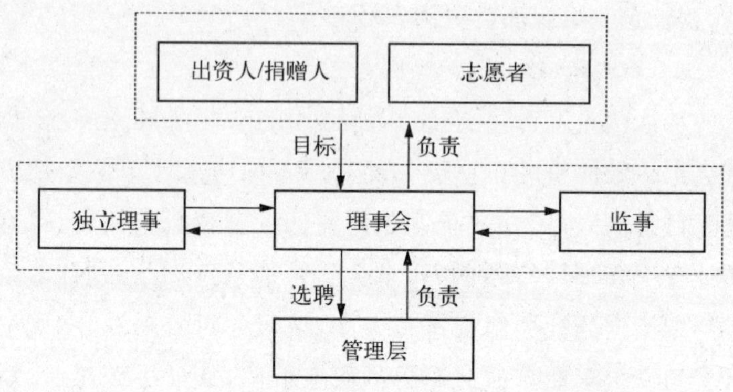

社会组织的一般治理结构

织的使命就由其初始捐赠者决定，会员制社会组织的出资人按照相关法律法规和组织章程，对理事会和管理层进行问责。

我们所说的志愿者，是在自身条件许可的情况下，在不谋求任何物质、金钱及相关利益回报的前提下，合理运用社会现有资源，志愿奉献个人的时间和行动，自愿参与社会公益活动的人。从志愿者参与社会组织义务活动的动机来看，主要包括自我取向、人际取向和情境取向，从其参与社会组织的目标来看，又不局限于追求成效，因而志愿者不同于一般的组织员工。

理事会是社会组织治理的核心机构，它既要完成出资人/捐赠人亦或是志愿者赋予的受托责任，同时又要实现其对管理层的委托责任。理事会既是社会组织战略决策的制定者，也是组织范围内责权利配置的主要参与者。

管理层在社会组织运行过程中担当了重要的角色，主要负责社会组织的日常运营，履行理事会制定的战略决策。在某些社会组织中还存在监事，负责对理事会和管理层进行相应的监督，防止发生背离社会组织使命的不当情况。

三、社会组织治理的机制

社会组织治理机制，是为了保证社会组织围绕组织宗旨和使命而展开有效活动所必需的治理层面的作用机理和运动形式，具体而言，社会组织治理机制包括协调、决策、激励、监督以及信息披露等内容。

1. 协调机制

从网络组织的视角看，社会组织与其周围环境中的诸多结点存在着协调作用。由于在很大程度上，社会组织无法依赖自身的造血功能来实现各类资源的供给，因此，较之企业组织而言，社会组织网络化程度更高。如何在这一网络环境下进行协调，创造更大的协同效应，发挥社会组织作为整个网络组织中心节点的应有作用，是社会组织治理协调机制需要解决的问题。就社会组织内部而言，随着组织规模的扩大和分工的不断细化，组织内部各职能运行也需要治理层面上的相互协调，以保证社会组织整体上的工作效率。

2. 决策机制

决策机制是说决策权在社会组织利益相关者之间的配置方式，揭示了由哪一主体做出某一类决策，由决策权力机构以及对应的决策权力内容构成，理论基础是决策活动分工与层级制决策。由于社会组织所有者缺位现象较为普遍，因此并不存在类似于公司治理中的股东大会决策机制，而就内部治理而言，所有者缺位现象凸显出理事会治理机制的重要意义。社会组织理事会决策机制，需要符合社会组织的决策特征，一般遵循“公平的正义”、“公共的合理性”的原则。

3. 激励机制

激励机制是为解决委托人与代理人之间关系的动力问题的机制，即委托人如何促使代理人采取适当的行动最大限度地增加委托人的效用。在社会组织的所有权、控制权、运营权、受益权等相互分离的状态下，委托——代理关系应运而生，契约的参与各方的目标并不可能完全一致，因此必须进行整体性的整合与协调。同时，由于信息的不对称和契约的不完全，造成了上述整合和协调存在一定的困难和障碍。因此，如何通过有效的激励机制来对各级代理人进行相应的激励，实现委托人的目标，就成为社会组织能否实现其宗旨和使命的关键。尤其需要指出的是，薪酬激励作用的弱化是社会组织成员激励机制设计中必须面对的客观现实和困境，这无疑增大了社会组织激励机制发挥作用的难度。

4. 监督机制

监督机制是说社会组织的利益相关者针对组织经营结果、行为或者决策所进行的一系列客观而及时的审核、监察和督导的行为。从监督机制的行为主体看，可以分为内部监督机制和外部监督机制。社会组织的内部监督主要包括基于组织章程等规章制度的监事监督、独立理事监督等内容。

社会组织的社会性决定了其监督机制主要落在外部监督机制上。由于社会组织的利益相关者相当广泛，包括政府部门、第三方评估机构、媒体、一般公众、竞争者、当地社区、相关的同行业组织等多个方面,因而社会组织的外部监督机制包括政府监督、独立的第三方监督、行业监督、媒体监督、捐赠人监督、公众监督等诸多内容。

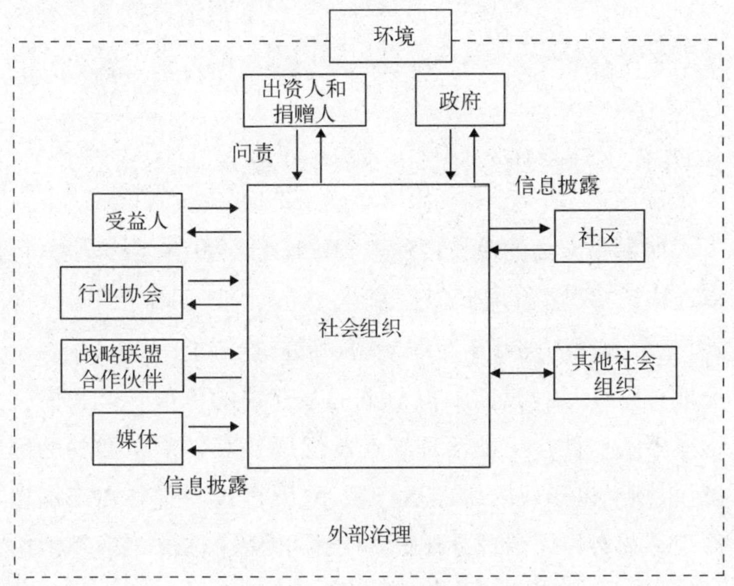

社会组织的外部利益相关者

5. 信息披露机制

社会组织的信息披露机制,是说将反映社会组织运营状况的主要信息,真实、准确、及时、完整地向出资人、政府、受益人及其他利益相关者予以公开。

社会组织之所以产生诸多弊病,其根源之一就在于利益相关者对社会组织运营状况的信息无法充分了解,形成了彼此之间信息严重不对称的格局,部分主体利用信息优势来侵犯其他主体的合法权益,由此形成了社会组织治理的失衡和失效的局面。针对这种情况,社会组织信息披露需要定期将其所提供服务的状况、筹资进展、财务与投资报告、治理结构变动、年度重大事项等信息,准确、及时、完整地向出资人、政府以及受益人等利益相关者进行公开,并接受媒体和社会公众的广泛监督,从而有效降低组织内外部的信息不对称。

第四节　社会组织治理未来的改革方向

如果拿人类的成长过程来类比社会组织治理的发展,可以这样说,公司治理俨然已进入成熟阶段,而包括高校、医院、基金会在内的社会组织治理,则尚处于幼年阶段,正在迅速地长大,因此,我们不得不重视其存在的价值。但我们又不能不关注社会组织治理存在的问题及其发展中遇到的困境,否则一旦形成既定的运行秩序,就很难通过外力来加以约束。社会组织治理存在哪些问题和困境,未来的改革方向如何?

一、社会组织治理的问题

尽管我国社会组织的治理已经取得了一定的成效,但由于发展历史较短,相关法律法规不健全等等,社会组织治理仍然存在诸多问题。归纳来看,我国在社会组织治理方面存在如下几个较为突出的问题。

1. 行政色彩浓厚

由于政府向多数社会组织提供财政拨款和补贴,导致由政府兴办或资助的社会组织沦落为政府的附属机构和行政工具,业务主管机构对社会组织的日常运营存在严重的行政干预行为。许多社会组织为了依靠政府的行政力量和优惠政策,也产生了严重的寻租行为,不但大量资源耗费于政府的寻租过程中,也背离了社会组织作为第三部门的独立性质。

由此,在行政色彩浓厚、"政社不分"的环境下,大多数社会组织显现出行政型治理的特征,社会组织治理结构和治理机制并未发挥应有的作用,衍生出一系列难以有效发挥其作为社会组织职能的问题。

治理案例

红十字会事件

2008 年 5 月 29 日。汶川地震后,艺术家方力钧、周春芽等人和北京保利拍卖执行董事赵旭共同发起了一次当代艺术义拍,最终募得 8472 万元(含保利捐出的 907 万元佣金)。

因为善款数额巨大,根据全体艺术家的意愿,艺术家与红十字扶贫开发服务中心(以下简称红扶中心)共同成立"红十字艺术家慈善基金",该慈善基金主要用于灾区的医疗(包括残疾康复、心灵关怀)、艺术教育、文化遗产抢救和扶贫开发、赈灾、灾后重建等工作。其中第一笔预计划拨 500 万元,用途为建设"红十字博爱艺术中心——保利当代艺术学校",当时考虑建在青城山。时至 2013 年,学校并未建起,艺术家也再未看到"红十字艺术家慈善基金"的任何活动。很多当初参与捐赠的艺术家都在微博上质疑这八千多万善款的去向,并引发了社会各界的关注。

按照当时的约定,应由艺术家与红扶中心共同成立"红十字艺术家慈善基金",来管理使用这 8472 万元善款,但"红十字艺术家慈善基金"除了最初捐赠仪式的相关报道外,就再无任何相关消息。红扶中心的理事长表示当时确实收到了 8000 多万元的善款,但因为红扶中心不具备实施救灾的职能,很快就上交给总会了,保利公司方面知情,但捐款人并不知情。随后,"红十字艺术家慈善基金"的想法也并未落实,就这样成为了泡影。

在发起方的多次追问下,红会最终在《关于汶川地震北京保利国际拍卖公司义拍捐款的情况说明》中声称,确认收到了 8472 万元善款,但由于捐赠方所提的援建项目最终未能纳入四川灾后重建规划,致使立项选点工作一直没有落实。

——据《艺术家追问 8000 万善款去向》,2013 年 4 月 28 日《南方都市报》

据红十字会的工作人员介绍,如果捐款需要改变用途,一般由筹资财务部与捐款方沟通,了解对方意愿,在达成一致的情况下作出决定,并移交项目部门执行。然而,捐款的艺术家对 8472 万元捐款改变用途一事却毫不知情,捐款用于其他项目建设,相关介绍中都未提及艺术家及义拍活动,并且红会也没有及时在事后给予说明,直到引发社会质疑,才不得已做出解释。这些都凸显出行政型治理下社会组织治理结构空洞的弊端。

2. 治理流程不顺畅

我国的许多社会组织,诸如相当多的社团同时具有两类领导机构,一类是登记管理机构,一类是业务主管机构。一般而言,民政部门为法定的登记管理机构,而党政机关及其授权部门为相应的业务主管机构,在进行申请注册登记之前,必须得到业务主管机构的批准,由此形成了多头领导的混乱局面。

我国相关法律法规规定,在同一行政区域内,不允许成立相同或者相似的社会组织。而且规定其只能在登记机构的管辖范围内开展活动,不允许进入其他行政地域设立分支机构,这严重地妨碍了竞争的出现,导致了地区性的垄断。

此外,许多社会组织选择在工商部门以企业身份进行注册,来挣脱政府对社会组织过度行政干预的羁绊,由此形成了社会组织与营利部门在身份和角色上的错位。

上述多头领导、地区垄断和限制以及身份错位等问题,导致社会组织的治理流程不够顺畅,不利于社会组织的有效治理。

3. 决策机制的形式化与失衡

虽然社会组织都会设立一个规模庞大的理事会,然而绝大多数理事扮演着花瓶的角色,几乎不参与社会组织的重大决策制定过程,进一步发挥有效职责的次级委员会也没有建立起来,使得多数社会组织的决策机构仅仅是一个形式。

与此相应的是,真正的决策权力落入少数人手中,这些人大多是业务主管机构任命的行政指派人员、政府退休官员或者是社会组织的发起人,这导致了社会组织决策机制的失衡。这种情况下，社会组织的决策机制难以实现科学有效，为其发展造成了严重的阻碍。

4. 信息披露制度和外部监督制度虚化

虽然现行的法律法规对于社会组织的信息披露有着相应的规定，但在实践操作中，绝大多数社会组织拒绝社会公众检查其财务状况，这在相当大的程度上导致了社会公众对社会组织的不了解和不信任。

至于政府部门的外部监管，主要体现在民政部门的年检、审计部门的审计、央行对基金会的核查等。但由于各种各样的原因，这些外部监管很多流于形式，甚至形成暗箱操作的共谋局面，监管的有效性在很大程度上只能取决于社会组织的自我约束。同企业相比，社会组织还缺乏一些外部约束主体，如资本市场、产品市场、经理人市场的激励约束作用对于社会组织而言或者不存在，或者约束作用微弱，而传媒约束则带有明显的行政化色彩。

治理案例

被愚弄的爱心

上海科洋科技有限公司在四川找到了公司通过正规希望工程渠道一对一捐助的17名儿童，在一年内却只有3名明确收到他们的捐助款。更令人吃惊的是，他们发现曾让他们感动流泪的学生来信，有8封是

假的，信中称收到捐助也是假的。

科洋公司按发来的受助者名单，给每个孩子写了封信，表示资助意向。一年之内，四川有15个孩子陆续回了信。令人奇怪的是，其中有13个孩子问，钱什么时候能收到？2001年6月，科洋致电四川青少年发展基金会查询。2001年8月，科洋收到了7封四川宣汉县丰城区不同乡的受助儿童来信，都表示收到了钱。这7个信封笔迹完全相同，2001年7月30日8时寄自同一邮局，令科洋怀疑信件真实性。

科洋老总原本打算让25个四川孩子到上海过国庆，由于联系不畅，加之对7封信心存疑虑，于是决定利用“十一”长假与同事去找这25名儿童。经过他们的挨个走访，真相终于浮出水面：其中有8封信系伪造，发假信的人为区教办德育专干，而信中称收到捐款的学生，并未收到，已有3人因无力支付学费而被迫辍学。

——据《被愚弄的爱心》，2001年11月30日《南方周末》

希望工程假信案虽然是人为造成的，却深刻反映出目前我国社会组织治理还存在一定的弊端，信息披露机制和监督机制不尽完善。在希望工程捐款假信案中，善意的捐款却被不法分子用来牟取私利，致使真正需要的孩子得不到应有的帮助，也辜负了捐款人的善意。这就好比“狼来了”的故事，时间长了，社会组织的公信力受到质疑，自然没有人愿意相信各种寻求社会帮助的行为，致使真正困难的人无法得到帮助。

二、社会组织治理的改革出路

随着社会组织规模的扩大和发展速度的加快，社会组织治理的诸多问题逐渐显现出来。我们不但要正视这些问题，还需要及时采取有效的手段来弥补现存的各种弊端，唯有这样，才能引导着社会组织治理朝着正确的方向有序发展。

1. 治理去行政化

行业协会、公立医院、高校等社会组织因具有服务社会、表达诉求、声誉监督等功能而在社会治理中发挥着重要作用。但在行政色彩浓厚的环境下，真正发挥作用的社会组织并不多见，像红十字会等社会组织还多被诟病。

在社会组织治理改革方面，我们已经进行了一些去行政化的尝试，十八届三中全会就提出"推动公办事业单位与主管部门理顺关系和去行政化，逐步取消学校、科研院所、医院等单位的行政级别，建立事业单位法人治理结构"，"限期实现行业协会商会与行政机关真正脱钩"。

我们不难发现，在行政干预下，社会组织的利益相关者不仅没有进行监督的渠道，而且缺乏社会治理意识，没有意识到自己在社会组织治理中的权利和地位。此外，由于缺乏独立性，自主治理能力缺失，降低了社会组织参与社会治理的积极性。因此，我们应该认识到，除了去行政化这一直接的手段外，社会组织还要通过完善治理结构和机制来弱化行政干预的影响。例如，社会组织要引入多元的利益相关者，通过构建治理权分享机制让他们真正参与到社会组织治理中，并让他们自愿选择参与治理的程度，提高社会组织治理的民主性；社会组织要在理顺出资人/捐赠人、理事会、监事和管理层关系的基础上，实现社会组织自治，提高社会组织治理的自主性，做到与行政机关真正脱钩。

2. 理事会结构合理化

理事会是社会组织治理的核心机构,具有诸多不可或缺的职能,包括决定组织的宗旨和使命、选择和评估执行主席、决定战略规划、审核和监督、筹集资金、协调公众关系、自我评估等。社会组织的理事会结构建设在以下方面仍需加强。

首先要保证理事会的架构合理。从社会组织治理长期健康发展的角度看,执行委员会、设计委员会、提名委员会、筹资委员会、财务和投资委员会等各类次级委员会的设置不但必须而且甚为迫切,因为这些委员会的存在可以更好地辅助理事会完成治理职能,防止理事会演变成没有实际意义的机构。同时,还要依据职责将理事会成员划分为执行理事与独立理事。独立理事作为与社会组织没有直接联系的理事会成员,主要依靠专业知识、已有经验和相对独立的判断力,来促进社会组织治理的发展。

其次要保证理事会的规模合理。目前我国大多数社会组织理事会的规模往往过于庞大,容易出现人浮于事的现象,有些部门形同虚设,没有发挥应有的作用。理事会规模的大小直接影响到会议和决策结果的质量,也难免影响到组织的运作效率。因此,理事会的规模应遵循适度原则,不宜过大,也不宜过小,应该根据组织规模、组织类型、理事会内部结构和外部压力来合理安排。

最后要保证理事会的决策、监督功能健全。对于监督职能较为薄弱的中国社会组织而言,强化理事会的监督职能是保证社会组织权力制衡和科学决策的重要途径之一。因而可以适当提高独立理事的比例,确保社会组织治理的有效制衡和科学决策。此外，还要充分发挥理事会会议、理事、财务与审计委员等在监督方面的职能与作用，防止诸如滥用资金、利益冲突等悖谬行为的发生。

3. 信息披露高效化

社会组织相关信息尤其是财务信息的披露问题，是导致其信任危机的主要原因。只有信息披露公开，才有相应地监督强化。有些人滥用职权，从社会组织中牟取私利，却不被监督、不被制止，很大程度上在于社会组织内部信息的隐蔽性。

社会组织的信息披露制度要遵循公开性和充分性的原则。由于较少涉及诸如营利组织的商业机密等敏感问题，同时社会影响范围和程度大大超过营利组织，遵循公开性原则是社会组织信息披露制度的首要前提。而充分性意味着社会组织的信息披露要保证利益相关者能够获得决策相关的全部信息，避免信息遗漏和隐瞒的现象发生。

社会组织的信息披露制度还要遵循及时性原则，在社会组织的重大决策之前将信息提供给关键利益相关者，保证信息的可靠性和有用性。信息应当在其产生以后的适当时机，毫不延迟地依法、依规披露。如果信息延迟披露，就可能失去其相关性和有效性。

4. 监督机制完善化

目前我国社会组织治理在监督机制方面尚存不足之处，为社会组织治理带来了一定的困难。监督机制的完善，是社会组织有效治理的关键。

首先要加强社会公众监督。社会公众监督存在的根本问题是公众对社会组织的监督意识不强，没有真正参与到社会组织治理中，并未发挥自身的应有作用。针对这一问题，政府和社会组织要鼓励社会公众监督，唤醒他们的监督意识，并开展多种监督渠道，保证公众监督行为的顺利实施。

其次要加强媒体监督。传统媒体和社会化网络媒体的舆论压力对于督促社会组织改进治理、向着正确的方向发展具有重要意义。社会组织如果不及时关注媒体，尤其是社会化媒体，媒体发布和传播的负面信息或恶性信息，可能将社会组织推向舆论的漩涡，甚至阻碍社会组织的正常运行和发展。因而一方面要强化媒体监督，避免媒体在社会组织治理监督方面的滞后性，另一方面还要通过改进媒体的自治力，防范假性消息和恶意消息的产生，以便提高媒体监督的实质性效果。

再次要加强独立的第三方监督。目前我国第三方监督机构还相对较少，有关部门应对这方面予以重视，加快第三方监督机制的建立和完善。2013 年 6 月 19 日，在广州成立了中国首个慈善组织第三方监督机构——广州市慈善组织社会监督委员会，其委员全部由非公职人员担任，保证了机构的独立性，有助于强化社会组织治理监督，是中国慈善事业的一个开拓创新的举措。

治理案例

广东市慈善组织社会监督委员会及其作用

2013 年 6 月 19 日，广州市慈善组织社会监督委员会（以下简称监委会）召开成立会议，会议投票选举广州市人大常委原副主任陶子基为监委会主任委员，广东省中医院原院长吕玉波、中山大学中国公益慈善研究院执行院长朱健刚、全国人大代表、广州律师杂志主编陈舒为监委会副主任委员。监委会成立后的首要任务是监察首届广州市慈善项目推介会千个项目的3亿元善款。

根据《广州市募捐条例》,广州市民政局具体负责了慈监会的筹建工作,并将在未来为其提供场地和经费保障。民政局表示,慈监会在审议通过其章程后,将在法律框架内依章程独立运作,不受任何组织和个人的干预。监委会独立开展调查工作,可自主决定调查的对象、内容、方式、时间,独立发布调查报告。

据了解,监委会的成立在全国城市中尚属首例。首届监委会15名监督委员分别来自人大代表、政协委员、专家学者、律师、会计师、媒体人和知名慈善人士七个界别,没有现职官员。监委会的主要职能有:一是对广州地区各类慈善组织的慈善募捐活动、慈善资金使用管理以及信息公开等情况独立进行监督;二是为政府有关部门开展慈善监管、慈善组织开展活动提供咨询意见。

监委会副主任朱建刚表示,监委会与红十字会的监委会有明显差别,红十字会是自律机构,而广州市慈善组织社会监督委员会是由政府发起,由社会第三方承担监督义务。除了监督管理的职能外,监委会还将作为面对全体社会组织的沟通交流平台。他认为,监委会应秉持客观、公平的立场和态度,"不盲目从众,也不能唯政府之令是听。"

据广州市民政局消息,自2014年6月第二届广州市慈善项目推介会闭幕以来,广州市慈善组织社会监督委员会21

名委员分成立4个监督小组，先后对番禺区慈善会、南沙区慈善会、市残疾人福利基金会参与推介会的慈善项目实施情况和广州市天河区启智社会工作服务中心、广州市北斗星社会工作服务中心2013年度承接政府购买服务专项资金使用情况进行了监督。其中，市慈监委委托广州华穗会计师事务所对上述两家社工机构2013年度承接政府购买服务专项资金进行了专项审计。上述慈善组织都积极配合市慈监委的监督，并按照要求进行情况汇报，提供涉及到的审计报告、财务报表、账册、凭证、内部管理制度等资料。

市慈监委秘书处介绍，市慈监委的委员是义务、自愿履行监督职责。他们在参加监督活动中既是监督，也是调研。通过监督发现问题，通过调研座谈寻找解决问题的方法。对于每次监督活动，市慈监委都会出具监督报告，并在广州慈善网上向社会公布。

——据《广州市慈善组织社会监督委员会成立》，2013年6月20日《广州日报》

最后要强化监督合力。为避免单一监督方式的不足和弊端，社会组织治理监督还需要设计多种监督主体相结合的体系，从多个角度和多个层次对社会组织进行监督。

第五章　国家治理:现代化的基石

将推进国家治理体系和治理能力现代化确定为全面深化改革的总目标,反映了党和政府从“管理国家”向“治理国家”理念的重要转变,是治理理论和治理实践的重大创新。那么,国家治理是如何产生和发展的?国家治理的涵义和意义是什么?如何提升国家治理能力,要义是什么?

第一节　国家治理的产生与发展

国家治理是治理理念在国家领域的延伸,是一种政治现象。同样的国家治理,在不同的时期、不同的外在条件和环境下,可能会有不同的表现和特征。国家治理的产生有怎样的背景?中国的国家治理又具有怎样的阶段性特征和发展特点?

一、国家治理的产生

自古以来,我国历朝历代对国家的治理都非常重视,从“治国理政”一词中可以看出我国历史上对国家治理的探索和实践。比如,《尚书》作为我国第一部治国理政的著作,记载了夏商周时代的君臣对话,形成了“敬天”、“保民”的理念,这些理念构成了早期国家治理的基础。春秋时期的老庄"无为而治"以及儒家思想中的"入世"理念都构成了当时时代国家治理的基本要义。北宋司马光编著的《资治通鉴》考察了从战国到五代共一千多年的历史,探寻了治国理政的经验和智慧,为国家治理提供了丰富的历史积淀。

在西方国家,国家治理的产生常常伴随着善治的理念,认为只要国家治理具有好的价值目标就能实现国家的良好运行,而好的目标又仅仅依赖于好的制度,这就产生了西方政治学中指出的"好的制度是善治的基础"的理论。但是在西方国家理论的语义之中,国家是一种暴力统治工具,善治往往是一种手段而不是目的,并且在如何实现善治的问题上,理论和各国实践又给出了不同的答案。西方政治学理论以期通过多维视角推演出最优政治制度以及最优国家治理模式,但是在社会或环境资源有限的条件下,国家治理体系下的不同利益集团存在着为争夺资源而导致的利益之争,所以在不同国家治理模式下很难形成一个统一的最优模式。

以阶级和统治为主要内容的国家治理,最终演变的结果将是国家的灭亡。所以现代国家治理强调不仅要关注经济领域的社会关系调整,还需要关注价值观文化、社会生活理念、政府行为等,尤其是在转轨过程中,这些可能会影响甚至左右社会运行模式和方向。

中国改革开放以来,随着社会经济的不断发展,社会化分工日益细化,我国按照职业划分的阶层结构也开始呈现多样化。同时,随着阶层结构多元化,我国社会的主要矛盾也已由阶级矛盾转变为人民日益增长的物质文化需要同落后的社会生产力之间的矛盾。为解放和发展生产力、增强社会活力，改革开放以来我们党和政府在行政管理、社会管理等方面进行了大量的改革和尝试，取得了举世瞩目的伟大成就。但随着社会需求的多元化、高标准化，单纯运用管理方式发展国家的政治、经济、文化事业，应对社会的复杂局面已经远远不够，改革进入全面深化的攻坚阶段。

在此基础上，十八届三中全会明确提出国家治理体系和治理能力现代化，其中的国家治理体系涉及经济、政治、文化、社会、生态文明和党建等领域的全方位制度安排。这是在中国首次提出国家治理体系和治理能力，即在国家制度建设层面导入民主和多元的治理元素，实现党和国家各项事务制度化、规范化、程序化，以满足更广泛的利益相关者不断增强的各方面需求，推动中国特色社会主义制度不断走向成熟。

二、国家治理的发展

国家治理包含了政府、市场和社会等核心内容，其中我国早期的国家治理仅仅关注于政府管理，把国家治理等同于政府管理，强调政府的合法性来源以及行政模式及其效率；随着社会的发展和公民自主性意识的增强，国家治理体系下的市场和社会得到了良好的培育和发展，使得我们深入国家治理，剖析理念背后的微观要素，从市场体制下的公司治理作为突破口，探寻不同国家治理体系下的最优公司治理模式，并探究不同国家治理模式所提供的制度供给以及由此培育和发展的社会治理体系和社会文化；随着各类组织治理理念的逐渐融合,国家治理的发展呈现了政府、市场和社会的相互交叉,分析一个现象和问题,需要同时考量其他两个要素,以不至于顾此失彼。结合我国建国以来国家治理的发展过程,我们可以将国家治理的发展分为三个阶段:

1. 第一阶段(建国初—改革开放前):侧重政府管理

第一阶段的国家治理从建国初到改革开放前,是从革命国家向发展型国家的转型。在这个阶段,国家治理的职能和政府管理的职能存在着较大的重合,该阶段的国家治理主要体现在政府管理上。

该阶段国家治理的主要功能是确立国家意识形态以及政府合法性进而获得国家合法性的根基,在国家合法性的基础上实现经济的快速恢复和发展,并把这种发展理念不断的注入到国家治理体系下的各级政府及其行政队伍的行政理念之中,主导着政府治理模式和政府行政行为导向。

在政府管理逐渐实现经济发展的过程中,国家治理获得了合法性基础,进而形成了较为稳固的国家治理制度基础,为进一步的市场治理和社会组织发育提供了机会。

2. 第二阶段(改革开放—十八届三中全会前):侧重经济治理

第二阶段的国家治理是随着改革开放以及以经济建设为中心的国家大政方针的逐渐确立而实现的,以市场化改革和确立现代企业制度为突破口。

在这个阶段,国家治理的语境里,政府管理仅仅是其中的一个要素,政府的简政放权为市场化改革提供了契机,并为国有企业改革和民营企业发展提供了环境。随着农村土地制度改革和城市国有企业改革的逐步深入，国家治理在该阶段更多的关注政府职能定位以及市场经济的发展和公司治理模式的优化。

这个阶段的国家治理实现了国家与政府职能的分离，并为国家治理提供了更为扎实的合法性基础，在国家治理的框架下孕育出了政府治理边界和市场企业边界。但是历史发展过程总是带有历史烙印，制度的形成和优化也具有惯性，这就导致了我国公司治理模式的行政化。这种情况下，国家治理下的政府和企业之间没能建立起缓冲带，造成了政府与企业的冲突。政府组织有了经济人理性的动机而造成其公共性的丧失，企业的自利性也导致其往往采取政治关联行为，从而能够从掌握资源的政府组织手里获得优势资源，这就为寻租提供了契机，同时也给社会组织的发育提供了开端和契机。

拓展阅读

十一届三中全会——国家治理的重要转折阶段

1978年12月18日—22日，中国共产党第十一届中央委员会第三次全体会议在北京举行。全会的中心议题是讨论把全党的工作重点转移到社会主义现代化建设上来。

党的十一届三中全会之所以是党的历史上具有深远意义的伟大转折，是因为：

第一，十一届三中全会是一次拨乱反正的会议。具体表现在它重新确立了马克思主义实事求是的思想路线，抛弃了“阶级斗争为纲”这个不适用于社会主义社会的口号，决定把全党工作的重点为转移到社会主义现代化建设上来。

第二,十一届三中全会是一次开创未来的会议。全会明确指出党在新时期的历史任务是把我国建设成为社会主义现代化强国,揭开了社会主义改革开放的序幕。

第三,以十一届三中全会为起点,中国人民进入了改革开放和社会主义现代化建设的新时期。从十一届三中全会开始,以邓小平为核心的党中央逐步开辟了一条建设中国特色社会主义道路,30 多年来,中国人民沿着这条道路取得了举世瞩目的建设成就。

3. 第三阶段(十八届三中全会以来):侧重政府、市场和社会的协同治理

第三阶段的国家治理是伴随着十八届三中全会把治理理念逐渐上升到国家高度而逐渐形成的。国家治理的语境中除了兼顾政府和市场以外,开始对社会组织的发展更为重视,社会组织作为政府和市场之外的第三方力量,为国家治理提供了支撑。

政府、企业和社会组织等治理主体之间已经形成了一个动态、复杂的网络系统,该阶段的国家治理更加强调协作性治理和网络性治理。治理思维也开始在全国范围内普及,治理实践上出现了一些可喜的转变。例如,混合所有制改革进入深化阶段,由国有股“一元化”到股权“多元化”转变;“大学章程”陆续颁布,大学治理开始向有章可依、有法可循的阶段转变等。在该阶段的国家治理实践中,政府、市场和社会形成了三位一体的模式来支撑整个国家治理,无论哪一类组织的治理都需要面对本领域的多重复杂关系以及外界要素的影响,国家治理大部分时间在处理政府与另外两者之间的关

系，这种关系即包含了相互依赖的关系，也存在相互博弈的过程。

第二节 国家治理的涵义及其时代意义

随着治理理论的日渐成熟，国家治理从产生到发展，逐渐形成了自己的内涵体系。国家治理与国家管理仅一字之差，但内涵上存在着较大差异，国家治理的主体已不仅仅是政府，而是在党的领导下，政府、市场和社会共同进行治理。剖开现象看本质，国家治理到底包含哪些方面的内容，国家治理的内涵是什么？国家治理又具有怎样的时代价值和意义？

一、国家治理的涵义

国家治理的概念在西方的产生伴随着治理理论的兴起，大概在20世纪90年代。有些学者认为国家治理是国家领域里一系列可以有效发挥作用的机制，是各种公共和私人机构管理其共同事务的诸多方式的总和，是治理参与者之间达成平衡的动态过程。有些学者认为国家治理机制包括决策制定、资源分配、组织或社会方向的确定等。国内有的学者认为国家治理是以政府、市场和社会的相互协调为手段来促进资源的有效配置，最终满足社会成员的经济、社会、文化等多种需求。

实际上，国家治理的本质在于通过其属性及职能的发挥，协调和缓解社会冲突与矛盾，以维持特定的秩序。我们认为,国家治理就是以政府、市场、社会作为主体,通过治理机制来配置政治、经济和社会资源,并协调政治、经济和社会等领域的诸多活动,最终实现整个国家利益的最大化。

从国家治理的产生和发展中可以看出,政府、市场和社会的关系贯穿于国家治理的整个产生和发展过程之中,三者构成了国家治理的微观主体,同时在一定语境中也是治理和规制的对象。国家治理的主体和对象决定了国家治理模式是包括政府治理机制、市场治理机制、社会治理机制等多种治理机制以及多种治理机制互动的一种共同治理模式。

国家治理体系在我国主要表现为党领导下治理国家的制度体系,其中包括了国家的经济发展规划、政治文明进程、文化和社会发展、生态文明以及党的建设等一套相互协调的国家制度体系。国家治理体系概念的提出,很大程度上反映了国家治理过程中的系统性观念或整体性观念得到了提升,特别是“体系”一词的使用,表明对国家治理的认识上升到系统性的新高度。

国家治理的主体、模式及其体系决定了国家治理的目标是要维护国家的基本秩序和稳定,包括维护国家历史文明传承和演进的道德价值,同时通过向社会提供法律框架,并保证法律的有效实施来保护公民权利;要通过国家工具保护国家领土免受外来入侵,这些价值取向确保了国家存在的合法性,这也是国家治理所追求的价值目标;国家治理还需要通过经济制度促进经济发展并调节社会分配、提供公共产品,不断提高全民的社会福利。

国家治理能力和国家治理体系是一个相辅相成的有机

整体，国家治理能力是国家治理体系执行的效率或效果，也就是运用国家制度体系管理国家社会各方面事务的能力，包括了处理发展与稳定的关系、处理经济增长与生态环境的关系、内政外交、治党治国治军等各个方面。

特别需要强调的是，国家治理能力还体现为国家在全球事务中的制度话语权，例如在世界银行等国际经济机构中的投票权、在解决国际争端和处理危机中的决策能力等等。“现代化”是指从传统社会向现代社会、从农业社会向工业社会的转变及过程。虽然20世纪五六十年代西方流行的现代化理论普遍认为西方社会就代表着现代化，但西方化并不一定就代表着现代化。中国的国家治理吸收了适合中国国情的现代化元素，因而中国的国家治理具有现代化意义。

拓展阅读

治理一般与国家治理

我们在前几章已经提到，所谓治理就是在制度规则安排的基础上，通过塑造和约束利益相关者之间的关系，把组织引导到正确的发展轨道上。治理理念包括“治理的基础是多元化”、“治理的关键在于顶层设计”、“治理方式注重‘疏’‘统’并举”、“治理流程强调过程性”等内容。

现代治理理念要求从系统观的角度出发，识别治理系统中各主体的关联性，从整体角度综合考虑各方利益和诉求，构建适应性的治理结构和机制，实现治理目标。从公司治理到政府治理、社会组织治理，再到国家治理，治理理念是上述组织治理的基本要求。以国家治理为例，国家治理强调“系统性、整体性、协同性”、“加强顶层设计”、“建立现代财政制度,发挥中央和地方两个积极性”、“构建决策科学、执行坚决、监督有力的权力运行体系”,分别体现了治理理念的多元化、顶层设计、“疏统”并举以及过程性等治理理念。

二、中国特色的国家治理

虽然与西方治理理论在重塑国家与社会关系结构的趋势和方向上存在相容性,但中国的国家治理由于包含了法治、多元和民主等现代化因素,适应了我国的基本国情,具有独特的优势。

1. 中国国家治理的法治精神

现代治理以契约关系为基点,强调契约意识并注重契约关系的建立、保护和履行,国家治理中最大的契约基础就是法律。2014 年 2 月 28 日,习近平总书记在主持召开中央全面深化改革领导小组第二次会议时强调,“凡属重大改革都要于法有据,在整个改革过程中,都要高度重视运用法治思维和法治方式,发挥法治的引领和推动作用”。中国的国家治理充分运用法治思维和规则治理国家,并通过构建相应的治理结构和机制强化规则和制度的执行与问责,能够为国家治理体系的构建和治理能力现代化的实现保驾护航。

法治的首要作用是对政府行为的规范和约束,其次才是市场经济个体和社会个体。我国实行人民代表大会制度的政体,政府的权力来源于由全国人民代表大会所代表的全体人民,全国人大和政府之间是一种委托人和代理人之间的关系。因而政府只能在法律的授权范围内行使权利,当超出法律的范围时,政府行为的决定权归全国人大。

法治精神还要求国家治理要为市场主体和社会主体创造良好的法治环境。一方面，通过完善相关法律规则，为政府运用法治方式对市场主体和社会主体“问责”提供依据，确保监管有法可依。另一方面，对市场主体和社会主体的监管依法依规，不应追溯由法律规则调整而引致的违规责任，正如新修正的《中华人民共和国立法法》第九十三条规定的那样，“法律、行政法规、地方性法规、自治条例和单行条例、规章不溯及既往，但为了更好地保护公民、法人和其他组织的权利和利益而作的特别规定除外”。此外，当群众与政府发生矛盾时，作为独立的第三方的人大代表应充分反映群众诉求，为民请命，并发挥问责机制督促“一府两院”依法行政、公正司法。

2. 中国国家治理的多元和民主思维

传统国家治理以“统治”思维为基础，认为国家是统治阶级的权力组织，国家统治对利益相关者具有强制性作用。西方国家治理中政府和政党经常是为特殊利益集团服务的政治组织，因而容易出现利益集团化。西方的政党曾经被描述为“越来越像一个银行或对冲基金，将从大多数中小股东那里获得的收益交给了董事会，政党越来越依赖于私人捐款进行竞选”。中国的国家治理既不同于传统国家治理的以“统治”为基础，也不同于西方国家治理的以“对抗性竞争”为主要特征。

中国的国家治理体系涉及经济、政治、文化、社会、生态文明和党建等诸多领域，是“系统完备、科学规范、运行有效的制度体系”，这就决定了国家治理的参与者不再只有作为强制力量的政府单一主体,而是包括党派团队、政府组织、企业组织、社会组织以及广大人民群众等在内的多元利益主体。在这个体系中,多元的利益相关者可以根据自己的意愿选择是否参与国家治理以及参与国家治理的程度,从而实现治理的民主性。

多元和民主同监督就像是一个硬币的两个方面,如果没有监督,没有相应的问责机制,参与主体即使再多元,也是涣散无效的。1949 年 3 月 23 日,党中央从西柏坡起程前往北平时,毛泽东就曾比喻为是“进京赶考”,并曾说,“只有让人民起来监督政府,政府才不敢松懈。只有人人起来负责,才不会人亡政息”。民主和多元思维要求国家治理不断完善民主监督机制,将民众参与、民意调查、媒体和社会监督等民主监督机制纳入国家治理能力现代化的考核体系,通过自上而下的问责和自下而上的监督,在政府、市场和社会等多元利益相关者中形成有效制衡,以提升国家治理能力。

三、国家治理改革的时代意义

自国家产生以来,国家治理活动就随之产生,国家治理通过制度体系建设对政府、市场和社会关系进行调节,实现各主体边界的动态调整。十八届三中全会以来的国家治理改革具有重要的时代意义。

第一,有利于实现微观主体自身功能的优化和提升。

中国的治理改革进程,在一定程度沿袭了由单一的政府管理到发展市场化,进而形成政府和市场两者并存治理的进路,而社会组织治理改革相对缓慢。国家治理改革作为系统化的改革方式，有助于实现公司治理、政府治理以及社会组织治理自身功能的优化和提升。

国家治理改革有助于实现政府顶层设计的优化，发挥市场在资源配置中的决定性作用。市场在资源配置中的作用由“基础性”变为“决定性”，是对政府与市场关系的重要调整。而政府职能的“抓大放小”，有助于实现有效的政府治理。政府的有效治理继而为微观企业主体的治理和发展提供了新的机会，例如，积极发展混合所有制经济、完善国有资产管理体制、建立职业经理人制度和长效激励约束机制，这些举措都有利于进一步深化公司治理改革。

国家治理改革也为社会组织的培育和发展提供了更广阔的空间，例如社会组织去行政化、完善社会组织内部治理结构等相关举措，将治理机制引入社会组织中，都有助于促进社会组织的有效治理，进一步激发社会活力。

第二，有利于政府、市场和社会等多元利益主体的发育和协调，从而推进国家治理的制度建设。

中国正处于经济治理体系逐步完善、现代政府治理体系渐次重塑的重要转型期，多元利益主体凸显，社会矛盾突出。

在国家治理改革过程中，注重政府治理、公司治理以及社会组织治理的系统化，有助于理顺国家治理各主体在国家治理体系中的定位、作用和功能。这样，通过治理权分享机制的构建，明确各主体在治理中的权责和义务，有助于调动多元治理主体有序参与的积极性，进而通过构建相应的治理结构和机制，强化规则和制度的执行与问责，最终实现国家资源的优化配置和国家利益的最大化。

在2015年11月10日的中央财经领导小组第十一次会议上,习近平总书记正式提出要“在适度扩大总需求的同时,着力加强供给侧结构性改革,着力提高供给体系质量和效率,增强经济持续增长动力,推动我国社会生产力水平实现整体跃升。”国家治理改革在供给侧改革层面的深刻含义在于,通过治理改革理顺政府、市场和社会之间的关系,在政府层面推动政府职能转变,在企业层面释放企业活力,在社会层面增强社会发展动力,可以说,通过协调多元利益主体,国家治理改革是重要的制度供给。

第三,有利于实现政府、市场和社会关系的动态调整和边界优化。

国家治理中的微观利益主体主要涉及政府、市场和社会,三者的发展和培育是随着国家治理理念的发展而产生的动态调整。从历史发展规律来看,三者的边界是一个动态均衡过程,三者的发展程度和关系和谐程度决定了整个国家的治理能力。各国在国家治理体系建设中都需要构建出一个适合自己国家文化和历史的政府、市场和社会关系,从而支撑起整个国家治理体系并注入国家治理能力提升的动力和活力。

国家治理改革有助于我国政府职能的简政放权、市场和社会组织力量的发展壮大,有助于实现社会的多元化和分层化,最终形成政府、市场和社会相互补充的一种新型国家治理体系关系。所以说,国家治理改革有利于从总体上调整政府失灵、市场失灵以及社会失灵等情况下的管控体系和机制,并激活市场和社会活力,提升国家治理能力。

第三节　国家治理的要义:处理好三个关系

国家治理是一个调节政府、市场和社会等微观主体的系统,国家治理改革通过协调政府、市场和社会的边界和关系塑造并提升国家治理能力。那么,在国家治理这个系统中,政府、市场与社会的关系如何?如何通过协调三者之间的关系提升国家治理能力?

一、国家治理中的政府与市场关系

在完全竞争条件下,市场机制能够自动导向社会范围内资源的合理配置,因而市场机制是最为有效的资源配置方式,应该在资源配置中起决定性作用。政府同市场一样,也是有效组织和配置资源的重要方式,政府在弥补市场缺陷方面发挥着重要作用。

国家治理体系中的政府与市场关系一直都是国家治理所要协调的核心微观主体,从早期的国家治理与政府治理职能的重叠所带来的“强政府”治理模式,到今天的政府简政放权使得市场得以孕育和发展,国家治理职能和政府治理职能因市场力量的壮大而出现明显区分,政府与市场的边界问题一直是国家治理的核心。国家治理体系中,政府和市场的关系可以概括为,政府应该管好“三只手”,即“无为之手”、“扶持之手”和“掠夺之手”。

政府的作用在于针对市场失灵进行适度必要的干预,诸如提供公共物品、调控宏观经济、消除外部效应、限制垄断等等,以弥补市场的不完全性和信息的不对称性,发挥“扶持之手”的作用。与“扶持之手”相对的是政府的“无为之手”,亦即“看不见的手”,它强调除了提供市场经济顺利运行所必须的基本公共物品,例如法律、秩序和国防之外,政府不应过多地干预经济运行。因此,在理顺政府与市场关系时,要强化政府的“无为之手”,“扶持之手”要在法律制度框架内进行。

安德列·施莱弗和罗伯特·维什尼在《掠夺之手——政府病及其治疗》中对转型经济国家政府的“掠夺之手”进行了较为深入的分析。他们认为,国家治理与政府治理的重叠和交叉所导致的“强政府”现象导致政府公共部门的行为给企业以及整个经济生活带来了较为沉重的负担。例如,苛捐杂税阻碍了投资,各种管制措施使官僚机构腐败丛生,国有企业低效率导致的国民财富损失,企业家精神得不到彰显,经济增长停滞不前等,这些都是政府治理边界过宽给经济领域带来的负面影响,称之为政府的“掠夺之手”。所以,在处理政府和市场关系的时候,还要加强权力的制度建设,弱化或消除政府的“掠夺之手”,“把权力关进制度的笼子里”。

政府由具体的官员组成,公众在日常生活和工作中同政府打交道实际上是同政府官员打交道,限制政府的“掠夺之手”最终还是落在官员群体身上。

限制政府官员的“掠夺之手”,要对高级干部和普通公务员加以区别。高级干部正逐渐通过公开招聘或选举的治理机制产生,这种公开选择和监督方式有助于限制他们的腐败行为,但基于选举的任期制也容易导致高级干部任期的短期行为;普通公务员则一般通过人事晋升产生,由于不具有换届选举的压力，他们更倾向于追求长远目标，而没有选举机制的遴选与监督，他们却更容易滋生腐败行为。构筑这种高级干部和普通公务员的区别互补机制，有助于对政府的短期行为和官员腐败加以制衡。

现阶段我国高级干部和普通公务员的行为是趋同的，他们既都存在受换届影响的短期行为，又都没有受到真正投票的选择和监督。因此，在设置相应的治理机制之前，要把高级干部和普通公务员区分开，先对高级干部任期的短期行为加以制衡，然后构筑监督机制有效防范普通公务员的腐败行为。例如，党的十八届三中全会探索试点新任领导干部有关事项公开并实行官邸制，将高级干部任期内的待遇制度化，即对高级干部的任期行为加以监督的有效举措。

二、国家治理中的政府与社会关系

就各国政府而言，它们是在特定的社会基础上产生的，大多由社会公众和各类社会组织依据法定程序选举产生；政府作为社会公众利益的代表，其责任和义务在于运用社会公众让渡给它的权力去协调各类社会矛盾，维护社会公众的利益，并维护社会生活的正常秩序。

中国历史上不受约束的皇权对民间社会的渗透力和支配力极大，政府与社会之间是非对称的权力关系，“普天之下，莫非王土；率土之滨，莫非王臣”是很好的形容。中国社会长期存在的这种“行政化”倾向，导致政府对民间行为方式的各种管制和规定一直存在，政府与社会之间的边界模糊。

新中国成立以后，在国家治理改革的早期阶段，中国更关注政府与市场的边界,市场得到不断发展,政府治理也逐渐向简政放权过渡。在发展到一定阶段之后,政府和社会的关系问题开始引起关注,大家逐渐认识到,政府的部分公共职能在除由私营部门承担之外,还需要有类政府组织的存在。因而,为了弥补政府公共行政能力的不足,进一步缩小政府对经济的直接干预,这就孕育出了社会组织。

随着网络信息技术的发展,社会权力随之分散和转移,进一步弱化了政府在政府—社会关系中的地位,增强了社会组织的作用。社会权力开始由政府、行政化的社会组织和少数社会精英,逐渐让渡给独立的社会组织,政府、企业、社会组织等各种主体以大致平等的身份参与到社会事务中,政府的治理边界大大缩小。信息和网络技术同时增加了社会事务的复杂性,相比政府,社会组织等其他治理主体更能适应网络信息技术变革背景下的社会治理要求,同时网络信息技术又降低了社会组织参与治理的成本,社会组织的治理边界大大增加。

综上所述,国家治理体系中政府与社会关系的有效运转,尤其要注重社会组织的培育及其作用。一是要通过社会组织的自治激发社会活力。在政府与社会的互动过程中,要通过社会组织自治和社区自治,不断扩大社会自治、缩小政府管制。二是要加强政府和社会的合作。一方面要加强政府与社会组织的合作,例如通过公共服务社会化建立政府与社会的合作伙伴关系,将垃圾处理、文化体育活动、就业、医疗卫生、社区治安等一些社会性的公共服务,交给社会组织和社区进行。另一方面各类社会组织在自主治理过程中,也要积极与政府配合，及时向政府反映社会成员的意见和要求，真正成为政府与民众联系和沟通的桥梁与纽带。

抗击 SARS、消除相应公共危机的过程，本质上就是全体社会公众重塑政府—社会的关系的过程。抗击 SARS 疫情的实践证明，政府的行政命令仅仅是遏止 SARS 疫情的有效手段，但不是唯一的手段。抗击 SARS 疫情这类公共危机事件的冲击，需要社会公众和社会组织的共同参与，需要社会公众共建新的公众文化，需要社会系统中更多其他独立治理主体的协同行动。这启发我们在处理政府与社会关系时突出社会组织在社会治理中的主体作用，加强社会系统中多元主体的协同效应。

治理案例

SARS 事件中政府和社会的关系

自 2003 年 4 月 20 日起，突如其来的 SARS 疫情，成为我国社会的一场“重大灾害”。

据 4 月 25 日《南方都市报》报道，这两天一直有个难题困扰着深圳一位普通的市民贾先生：他想给非典病人捐款却又不知找哪个政府部门。为此，他致电报社请求替他了却这个心愿。“想捐款却又不知找哪个政府部门”。我们不解的是，捐款为何非得找政府部门，却没想到要找社会中间组织？由此可见，作为可以接受公众公益捐款的社会中间组织在公众中的影响力还不够大。

非典型肺炎在我国蔓延以来,给民众的生命和财产安全造成了难以估计的损失。但是,细心的人不难发现,除了政府的话语外,来自社会中间组织的声音很少、也很小。我们认为,对于不断走向民主化、法治化和市场化的中国社会,这并不是一个好事。

以非典型肺炎比较严重的香港为例,除了最忙的政府部门外,最活跃的就是一些社会中间组织了。它们一方面敦促和监督政府全力抗击非典型肺炎,另一方面实施卓有成效的社会救助,为民众提供切实的保障。但是,在内地,一些社会中间组织却没有发挥出应有的作用。如国家对防治"非典"的资金投入,基本上全部要靠财政拨款。据《南方日报》4 月 25 日报道,省政府拨 3 亿元设立非典型肺炎防治基金。另外,深圳市财政也拨出 2000 万元专款用于防治"非典"。至于由社会中间组织发起的社会捐助、企业捐助和个人捐助,我们还没有看到报道。

诚然,在抵抗非典型肺炎的过程中,国家和政府的力量理应占据最主导的地位,扮演最重要的角色。正如有评论认为,即使是西方的一些有限政府,当公共危机突然降临、市场机制本身无法及时解决危机的时候,民众对政府处理危机能力的需求自然会增加。在这种情况下,政府在合法授权的基础上,依法定程序,可以加强干预市场和社会的程度。但是,政府干预力度的加强并不等于社会中间组织参与和介入危机处理力度上的收缩、甚至是缺失,社会中间组织完全可以在政府与市场之间留下的活动空隙中找到生存的空间。国外的经验表明,社会中间组织对社会的成熟、健康和文明有着举足轻重的作用。

虽然,我国的政府转型尚未实现,政治和行政仍然是一种辐射力和穿透力极强的资源,社会中间组织往往处于官民二重性的地位:既在一定程度上受到政治话语权的约束,也拥有一定的"自由流动资源"和"自由活动空间"。但是,在当前市场化配置社会资源力量不断壮大的条件下,"自由流动资源"和"自由活动空间"无疑可以为社会公益事业活动的顺利开展提供良好的外部环境。特别在当前的社会公共危机面前,政府、社会中间组织和民众个人的利益更容易得到高度的统一。因此,在抗击非典型肺炎危机过程中,社会中间组织的力量应该充分发挥起来,它们完全是可以大有作为和大有用武之地的。希望社会中间组织能够积极行动起来,为抗击非典作出贡献。

——据《抗非典社会中间组织应有作为》,2003 年 4 月 26 日新华网

三、国家治理中的市场与社会关系

市场是经济运行的平台,市场中的企业又是这个平台的微观细胞,市场的发育需要社会提供土壤,反过来又会给社会土壤提供营养和资源。国家治理中的市场和社会是一种相互促进的关系,其中企业是核心,社会是基础。

社会是共同生活的人们通过各种各样社会关系联合起来的集合,其中形成社会最主要的社会关系包括家庭关系、共同文化以及传统习俗。微观上,社会强调同伴的意味,并

且延伸到为了共同利益而形成的自愿联盟。宏观上,社会就是由长期合作的社会成员通过发展组织关系形成的团体,并形成了机构、国家等组织形式。支撑一个社会的三大要素包括社会观念和信仰、社会制度体系和社会物质基础。

从起源来看,市场是古时人类对于固定时段或地点进行交易的场所的称呼,也就是买卖双方进行交易的场所,市场里的主体主要是以价格和理性为基础,考虑的是自身效用的最大化,个体理性导向下的市场主体行为可能会出现偏离整个市场制度的设计初衷,如垄断或不正当竞争等。

社会包括了社会组织以及社会需求,社会组织是介于政府组织和市场组织之间的第三方,承担了部分公共职能,为市场的发展提供保障,而社会需求则是指国家或地区在一定时期内由社会可用于投资和消费的支出所实际形成的对产品和劳务的购买力总量,这又与市场存在着千丝万缕的联系。市场是社会分工和商品生产的产物,哪里有社会分工和商品交换,哪里就有市场。同时,市场在其发育和壮大过程中,也推动着社会分工和商品经济的进一步发展。

认识到市场(企业)组织是由社会产生并且要得到社会的接受是很重要的。如果社会不接受某个企业的活动,那么,这个企业不是受到干预就是需要改组,如三鹿、乐凯胶卷、诺基亚手机等。我们可以把市场(企业)与社会之间的关系看成一种社会契约。社会契约反应了市场(企业)与社会之间的关系,并部分地以立法或法律形式表现出来,塑造了支配企业行为的习惯和价值观。我国《公司法》规定,“公司从事经营活动,必须遵守法律、行政法规,遵守社会公德、商业道德，诚实守信，接受政府和社会公众的监督，承担社会责任”，如果企业不承担社会责任，就将自食恶果。

社会在国家治理现代化过程中的作用越来越重要，政府作为公共行政机构简政放权的过程中，剥离自身部分公共服务职能给予市场，实现部分公共服务的市场化，促进了市场的发育和壮大，同时还有部分公共产品的提供、公共资源分配以及公共事务的承担需要社会组织发挥作用，而社会组织在发挥作用的过程中所需资源部分则来自于市场，如企业社会捐赠等。

拓展阅读

社会契约

西方政治思想史中用契约关系解释社会和国家起源的政治哲学理论，又称社会契约论。它通过把社会和国家看作人们之间订立契约的结果，来说明政治权威、政治权利和政治义务的来源、范围和条件等问题。代表性人物有霍布斯、卢梭等。

从市场和社会的关系看社会契约，则可以把社会契约分为两类：经济层面的社会契约与社会伦理层面的社会契约。随着企业这种市场组织的出现使人们自然而然地要求企业去遵守有利于人类自然发展的最基本的社会契约，企业社会契约的核心内容是基于企业伦理的企业社会责任。

由此，在国家治理体系下，市场和社会之间是一种相互扶持的关系，互相为对方提供基础和条件。企业作为市场主体，要主动承担社会责任，但与传统的、只有本企业职工受益的"企业办社会"不一样,要避免行政干预,以免承担过多的社会责任;社会组织作为社会治理的主体,不仅要发挥在社会公共事务中的自治作用,而且要通过与企业等市场组织的协同,强化社会治理功能。

第六章 中国的治理改革与发展

首次提出"国家治理体系"和"治理能力"的概念,体现了我们党和国家的政治智慧和勇气。那么,从公司治理到国家治理,中国治理改革的路径和结构如何?治理改革中的分类治理如何实现?中国治理改革的演进方向是怎样的?作为治理发展的新趋势,绿色治理又具有哪些内容?

第一节 中国治理改革的路径和结构

国家治理体系包含公司治理、政府治理和社会组织治理等内容,从这些内容来看,中国治理改革的路径如何?又具有怎样的结构?

一、中国治理改革的路径

从改革方式上看,中国的改革是一种渐进式改革;从改革次序上看,中国的改革走的是先经济改革、政治改革,后社会改革的道路。为建立现代企业制度、现代政府制度和现代社会组织制度,依次进行了公司治理、政府治理和社会组织治理等一系列的改革。

1978 年 12 月,党的十一届三中全会宣布"把全党工作的重点和全国人民的注意力转移到社会主义现代化建设上来”，以经济体制改革为基础，吹响了中国改革的号角。但是人们很快也发现，“计划经济为主、市场经济为辅”的这种体制给社会经济发展带来的活力仍然有限，需要进行系统全面的经济体制改革和建设。1992 年 10 月，党的十四大明确了我国经济体制改革的目标是建立社会主义市场经济体制，从而确立了经济体制改革的“顶层设计”。为建立社会主义市场经济体制，1993 年 11 月，党的十四届三中全会又决定“进一步转换国有企业经营机制，建立适应市场经济要求，产权清晰、权责明确、政企分开、管理科学的现代企业制度”，从此拉开了公司治理改革的序幕。

在政府治理方面，20 世纪 90 年代以后，政府针对自身存在的问题，相应进行了人事制度、行政机构、行政审批制度、司法制度、行政问责制、公示制度和听证制度等方面的治理改革。2011 年 3 月，《中华人民共和国国民经济和社会发展第十二个五年规划纲要》发布，内容开始涉及社会体制改革的内容，为以后的社会组织治理改革奠定了基础。

而后，随着社会转型和经济发展，中国的改革面临着前所未有的错综复杂局面，党和政府认识到必须推动制度化、规范化、程序化的国家治理改革。2013 年 11 月，党的十八届三中全会将“推进国家治理体系和治理能力现代化”确定为全面深化改革的总目标，国家治理改革开始取代以往的“块状”改革方式，成为解放和发展生产力、增强社会活力的时代利器。

由此可见，中国的治理改革实践沿着“公司治理—政府治理—社会组织治理—国家治理”的路径不断探索并向前发展。

拓展阅读

政策文件表明的中国治理改革路径

1978年12月22日，党的十一届三中全会决定“把全党工作的着重点和全国人民的注意力转移到社会主义现代化建设上来”，“实现四个现代化，要求大幅度地提高生产力，也就必然要求多方面地改变同生产力发展不适应的生产关系和上层建筑，改变一切不适应的管理方式、活动方式和思想方式”。

1992年10月12日，党的十四大明确提出“我国经济体制改革的目标是建立社会主义市场经济体制，以利于进一步解放和发展生产力”，“建立社会主义市场经济体制，涉及到我国经济基础和上层建筑的许多领域，需要有一系列相应的体制改革和政策调整，必须抓紧制定总体规划，有计划、有步骤地实施”。

1993年11月14日，为建立社会主义市场经济体制，党的十四届三中全会决定“必须坚持以公有制为主体、多种经济成分共同发展的方针，进一步转换国有企业经营机制，建立适应市场经济要求，产权清晰、权责明确、政企分开、管理科学的现代企业制度”。

2011年3月16日，《中华人民共和国国民经济和社会发展第十二个五年规划纲要》发布，要求“以更大决心和勇气全面推进各领域改革，更加重视改革顶层设计和总体规划，明确改革优先顺序和重点任务，深化综合配套改革试验，进一步调动各方面积极性，尊重群众首创精神，大力推进经济体制改革，积极稳妥推进政治体制改革，加快推进文化体制、社会体制改革，在重要领域和关键环节取得突破性进展”。

2013年11月12日，党的十八届三中全会通过的《中共中央关于全面深化改革若干重大问题的决定》，确定“全面深化改革的总目标是完善和发展中国特色社会主义制度，推进国家治理体系和治理能力现代化”，并提出要“健全协调运转、有效制衡的公司法人治理结构”，“科学的宏观调控，有效的政府治理”，“创新社会治理，提高社会治理水平，改进社会治理方式”。

二、中国治理改革的结构

市场化、信息化以及经济全球化等多方面的环境变化带来了市场主体和社会主体的多元化，以及相应的权力关系变动、利益关系变动和资源配置关系变动，这时各种主体比以往更加关注自身利益的表达和维护，需要与之相适应的治理方式来回应和实现。十八届三中全会《决定》虽然涉及国家治理、政府治理、社会治理、事业单位法人治理、公司法人治理、学校内部治理、社区治理等诸多内容，但主要涉及的治理活动有四个基本概念，即国家治理、经济治理、政治治理和社会治理。

如果从政府—市场—社会的逻辑解构，中国治理改革的结构主要包括规范政府行为、市场行为和社会行为的一系列制度和程序，政治治理、经济治理和社会治理是中国现代国家治理体系的最重要的内容。

只有最大化地增进公共利益才能更好地满足更多元的

利益相关者的利益，这就需要重构并实现国家治理体系中政府、市场和社会之间的合理分工与有效合作。

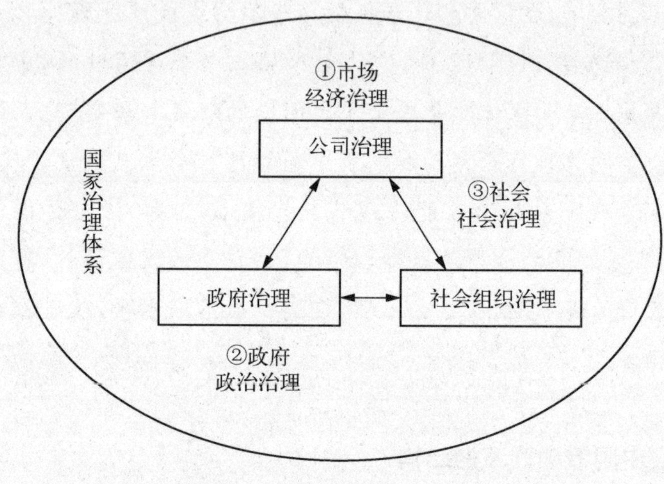

中国治理改革的结构

政府组织、企业组织和社会组织分别作为政治治理体系、经济治理体系和社会治理体系的核心内容，是国家治理体系的重要主体；相应地，政府治理、公司治理和社会组织治理是国家治理体系的重要治理形式。国家治理体系既包括政府机制，同时也包括一些非政府机制、非正式机制；政府治理、公司治理和社会组织治理之间的互动与协作，一起构成了国家治理体系的制度关系和重要机制。

第二节　中国治理改革中的分类治理

自“完善和发展中国特色社会主义制度，推进国家治理体系和治理能力现代化”的总目标提出以来，我们在国家治理体系建设方面建立权威、统一标准，取得了显著效果。但各地区、各行业中也出现了“参公管理”、“参照执行”等照搬政府治理的简单做法，从而使得高校、科研院所、企业及社会组织等的“政事分开”、“政企分开”、“政社分开”在某种程度上出现回潮。此类难题已成为制约国家治理能力提升的瓶颈，因而中国治理改革应进入分类治理改革的新阶段。

一、分类治理改革的迫切性

从世界经验来看，国家治理体系建设的初期往往先要树立权威、统一标准，当标准确立后就需要通过分类治理改革使市场、政府和社会等国家的各个方面既有效治理，又充分发挥活力。

基于治理改革的探索实践，十八届三中全会提出“推进国家治理体系和治理能力现代化”，并提出“政府治理”、“社会治理”、“公司治理”等多方面的治理改革内容。我们为了抓主要任务，在开始阶段更多地是在抓政府治理，例如，反腐与简政放权，推出负面清单、权力清单等。这样起步的好处是在强势政府存在的状态下为国家治理体系的现代化打下了权威统一的基础，但是其副作用就是将政府治理方式“一刀切”式地应用到高校、医院等社会组织治理以及营利组织的公司治理方面。

最近出现的一些实例就反映了这类问题。例如，对部分高校教授的调研费和差旅费简单参照政府机关有关规定执行；通过混合所有制改革进入国有企业集团的民营企业高管也被按照党政干部要求退出持股。党和政府的相关部门也已经逐步认识到分类治理改革的重要性，国务院2016年发布的《关于优化学术环境的指导意见》就明确提出“不得动辄用行政化‘参公管理’约束科学家”。

由此，中国的治理改革应进入分类治理改革的新阶段。国家治理体系中不同层次的组织与部门在组织性质、目标和运作机制等方面都存在较大差异，需要进行分类治理改革。正如我国最早进行的改革是分块试点进行的，针对不同部门的改革，相应提出要建立现代企业制度、现代政府制度、现代社会组织制度和现代国家制度。

二、分类治理改革的主要内容

不同类型组织的功能、定位和职责有所不同，有着自身的特点和规律，这就要求所采取的治理方式、搭建的治理结构以及构建的治理机制等应符合组织自身的治理逻辑和规律。分类治理改革就是要用公司治理的办法和社会组织治理的办法分别治理公司和社会组织；用政党治理、军队治理和国家治理的办法，来治党治军治国。

第一，要深化具体领域的分类治理。

从企业层面看，对于公益性质的国有企业，治理的首要目标是确保实现特定的功能，其薪酬政策、高管选聘等可以采用准市场方式；一般竞争领域的国有企业，其治理应采用经济型治理模式，遵循现代公司治理的自身逻辑与规律，强调以市场调节为基础的自主治理，例如股权方面引入多元化资本发展混合所有制，建立规范的治理结构和治理机制，高管选聘和薪酬考核等严格按照市场化方式运作等，以使企业获得充分的治理权和足够的治理空间。

拓展阅读

《关于国有企业功能界定与分类的指导意见》

2015年12月，国资委、财政部、发展改革委等三部门联合下发了《关于国有企业功能界定与分类的指导意见》，立足国有资本的战略定位和发展目标，结合不同国有企业在经济社会发展中的作用、现状和需要，根据主营业务和核心业务范围，将国有企业界定为商业类和公益类。

商业类国有企业以增强国有经济活力、放大国有资本功能、实现国有资产保值增值为主要目标，按照市场化要求实行商业化运作，依法独立自主开展生产经营活动，实现优胜劣汰、有序进退。其中，主业处于关系国家安全、国民经济命脉的重要行业和关键领域、主要承担重大专项任务的商业类国有企业，要以保障国家安全和国民经济运行为目标，重点发展前瞻性战略性产业，实现经济效益、社会效益与安全效益的有机统一。

公益类国有企业以保障民生、服务社会、提供公共产品和服务为主要目标，必要的产品或服务价格可以由政府调控；要积极引入市场机制，不断提高公共服务效率和能力。

商业类国有企业要按照市场决定资源配置的要求，加大公司制股份制改革力度，加快完善现代企业制度，成为充满生机活力的市场主体。其中，主业处于充分竞争行业和领域的商业类国有企业，原则上都要实行公司制股份制改革，积极引入其他资本实现股权多元化，国有资本可以绝对控股、相对控股或参股，加大改制上市力度，着力推进整体上市。

主业处于关系国家安全、国民经济命脉的重要行业和关键领域、主要承担重大专项任务的商业类国有企业，要保持国有资本控股地位，支持非国有资本参股。处于自然垄断行业的商业类国有企业，要以“政企分开、政资分开、特许经营、政府监管”为原则积极推进改革，根据不同行业特点实行网运分开、放开竞争性业务，促进公共资源配置市场化。对需要实行国有全资的企业，要积极引入其他国有资本实行股权多元化。

公益类国有企业可以采取国有独资形式，具备条件的也可以推行投资主体多元化，还可以通过购买服务、特许经营、委托代理等方式，鼓励非国有企业参与经营。

从社会组织层面看，具有营利性质和能力的社会组织，要从非营利组织改制为营利组织，如当前我国的证券和商品期货等交易所采用的是会员制，要通过公司制改制甚至上市实现向公司治理的转型；对于其他大量的非营利性社会组织则需要在保持原有非营利性的同时，实现社会组织治理的优化。

拓展阅读

证券交易所的分类治理

自1990年上交所等证券交易所成立，我国的证券交易所的发展历经三个阶段。

第一阶段：地方政府管理阶段（1990年—1992年）。该阶段证券交易所由地方政府主导成立、政府所有；在组织形式上是会员制、非营利性的单位法人；在治理结构方面，会员大会为最高权力机构，下设理事会，管理日常运营，理事长和高管由政府任命。

第二阶段：地方政府与证监会共同管理阶段(1993 年—1997 年)。该阶段证券交易所由地方政府所有，上交所和深交所开始突破地方局限，走向全国；在组织形式上是实行自律管理的会员制事业法人；在治理结构方面，政府监管加强，所有高管由证监会任命。

第三阶段：国家统一管理阶段(1998 年—至今)。该阶段改变了地方政府主导的局面，将证券交易所的所有权由地方收归中央；在组织形式上是实行自律管理的法人，模糊了非营利性、事业法人和会员制的提法；在治理结构方面，高管由政府任命。

从我国的证券交易所的发展来看，他们自成立以来，一直受到政府的影响，定位模糊、治理结构不清晰。在成员利益取向不一致的情况下，外部所有制将比会员所有制更具效率，借鉴国际证券交易所由会员制到公司制再上市的做法，我国的证券交易所首先要明晰所有权结构，维持国有股的相对控股地位；其次要建立基本的公司治理架构；再次要设立公共董事，强调董事会的监管职责；最后还要提高交易所决策的透明度和信息披露质量。

第二，要明确组织类型的差异，防范治理错位。

在整个国家治理体系中，行政机制支持的是以政府为主体的组织行为，其本质特征是“强制”；经济机制支持的是以营利组织为主体的组织行为，其本质特征是“营利”；自治机制支持的是非营利社会组织的行为，其本质特征是“自愿”。

受计划经济时代政府办市场、政府办社会等观念的影响，部分企业治理、社会组织治理中都掺杂着政府成分，因而需要明确政府在不同企业组织、社会组织中的利益相关者角色。政府是国有企业的出资人和监管者，是民营企业的监管者；由政府出资的社会组织，政府充当出资人角色；由社会捐赠的社会组织，政府则主要充当着监管者的角色。以高校为例，政府在高校治理中的职能定位于建立和维护基本的学术秩序，为公立大学安排和筹措资金，制定高等教育领域必要的、宏观的和框架性的制度，向公立大学派遣监督人员或者设立监督机构等。政府的四大职能是宏观调控、市场监管、公共服务和社会管理。对于企业而言，政府要区分宏观调控和市场监管两大职能，货币、财政等政策都属于宏观调控的手段，但不能直接针对每一家具体的企业；市场监管虽然针对具体企业，但目的也仅仅是维持市场竞争秩序的合规性审查。对于社会组织而言，政府要区分好公共服务和社会管理两大职能，不能混淆社会失灵和社会组织发育不健全，要通过公共服务职能积极培育社会组织，并激发社会活力。

除了企业组织、社会组织中存在政府治理方式的问题，部分社会组织还沿用公司治理方式，以企业基金会治理最为常见。企业基金会由企业发起成立，发展初期可能与出资企业有着千丝万缕的联系，如原始资金、理事、工作人员、项目运作等方面，就像当初我们事业单位被称为“二政府”一样。但企业基金会毕竟是社会组织，诸如关联交易等与企业相关的公司治理模式将严重影响到企业基金会的社会性。因而企业基金会的有效运作需要理清社会组织治理和公司治理的界限,积极探索“去企业化”的一些举措,例如理事会要保证“独立理事”占多数,理事会成员要更多从社会招聘而非从企业直接调配,激励约束机制设计要能够调动管理层的工作积极性,等等。

第三,分类治理要根据具体情况探索双轨制的方式,逐次推进。

企业组织(尤其是国有企业)和社会组织长期存在的行政型依赖,与中国由计划经济体制向市场经济体制转轨的大背景相关。因而分类治理改革需要一个循序渐进的过程,为此可以首先探索“双轨制”。

对于一般竞争领域的国有企业而言,如果要探索经济型治理模式,可以先在行政性障碍较弱的混合所有制企业开展。具体来说,国资监管部门可以放开并授予混合所有制企业一般企业所应有的权利,例如,先放权给集团的子公司,如赋予董事会高管任免和高管激励等权限;对通过市场招聘和民营等非国有股东提名的高管,可放开管理权限和行政部门规定的薪酬限制等。

对于企业基金会这种特殊的社会组织而言,以“去企业化”为核心的分类治理改革也并非一朝一夕之功,需要分步实施。我们以“捐股不放权”为例进行分析。

为了协调企业组织经济性和社会组织社会性的关系问题,2009 年福耀玻璃董事长曹德旺通过“捐股不放权”方式发起成立“河仁慈善基金会”。“捐股不放权”作为一种积极的探索,股权收益能够确保企业基金会在公益救济方面的及时有效,而企业掌握控制权又是出资企业维持正常运营的保障。探索试点“股权捐赠”，对于引导企业支持社会组织发展、激活社会组织活力具有重要意义。但在出资企业和企业基金会藕断丝连，不能相互独立的情况下，推进股权捐赠要慎重，盲目推广可能导致出资企业和企业基金会的关联交易，既不利于发展慈善事业，也不利于出资企业的健康发展。因而，可以采取“双轨制”的方式，先在治理结构完善、信息公开透明和社会公众认可度高的企业基金会推广，然后再过渡到其他企业基金会。

第三节　中国治理改革的演进方向

政府部门、经济部门和社会部门是国家治理体系的重要组成部分，针对这些部门，中国分别进行了公司治理、政府治理和社会组织治理等方面的改革，这些治理改革的演进方向是怎样的？

一、公司治理由行政型向经济型演进

中国的改革是从经济领域开始的，主要体现在农村土地制度改革和城市国有企业改革。在企业改革领域，公司治理由行政型治理向经济型治理演进，具有鲜明的特征。

国有企业股份制改造后，形式上建立起了以公司制为前提，以股东主导型产权制度为基础的现代企业制度。在现代企业制度的建立和完善过程中，从行政型治理到经济型治理是国有企业治理演进的一条主线。首先，股份制改革为国有企业由一元股权向多元股权，由控制权和经营权“两权不分”

向"两权分离"转变奠定了基础。其次，随着股东作为治理主体地位的逐步确立，党委负责制以及党委领导下的厂长（经理）负责制的"老三会"（党委会、职工代表大会和工会）结构渐渐过渡到"新三会"（股东会、董事会和监事会）的治理结构，法人治理结构构建在一定程度上使国有企业由"党企不分"转向"党企分工"。再次，国务院国资委、地方国资委相继成立，我国国有资产管理体制和国有企业改革进入全新阶段，国企治理改革的内外部治理机制构建弱化了政府部门对国有企业的行政干预，国企治理改革向"内外部治理机制协同作用"的方向演进，从"政企不分"逐渐到"政企分离"。

但是，政府作为国民经济的管理者与企业国有股东权利行使者这一双重身份所形成的"治理困境"，易造成集团治理"漂亮的外衣"与"经济型治理"外壳下的"行政型治理"或其变形，进而造成行政型治理实质上的残存。

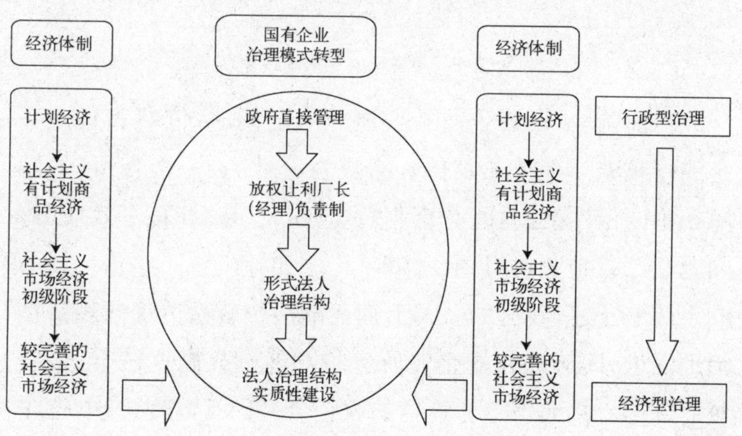

中国国有企业的公司治理演进

民营企业的治理同样经历了从“行政型治理”向“经济型治理”逐步演化的过程。从春秋时期的陶朱公到清末的胡雪岩，红顶商人的历史由来已久。改革开放以来，民营企业的发展经历了与“红顶商人”类似的“官商结合”的非正规公司的“红帽子”阶段，“亲密资本”的“政治联系依赖”阶段。但随着现代企业制度的逐步确立，民营企业的董事会独立性不断增强、开始引入职业经理人、集团治理也趋向合规，民营企业的公司治理也开始向市场化、制度化和规范化的方向演进。

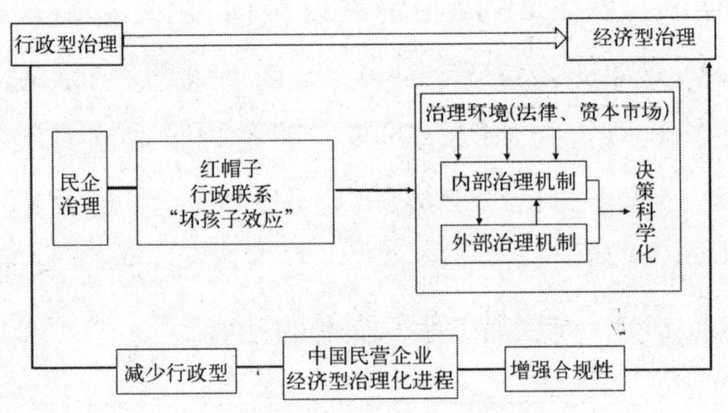

中国民营企业的公司治理演进

当前阶段，民营企业在发展壮大的同时，依然表现出一定的行政型治理色彩，“倒一个民营企业，倒一批官员”的现象在中国依然突出，国有企业“一股独大”和“坏孩子效应”等问题在民营企业也得到了体现。

综上所述，我国的公司治理逐渐由行政型治理向经济型治理演进，即从以往的企业所有权和经营权高度统合，各级政府部门直接监管企业运营的政企合一的行政型治理，逐步向所有权与经营权分离、政企分开，外部通过资本市场、产品市场、经理人市场和法律法规，内部通过股东会、董事会和监事会等机构，对企业实施监管的经济型治理方向演进。在这一系列的演进过程中，中国公司治理渐入佳境。

从目前来看，由于分类治理改革滞后和行政型治理部分回潮，我国公司治理在向经济型治理演进的过程中，还有诸多方面需要进一步加强与完善。例如，进一步厘清治理的本义，培育和谐的公司治理文化，警惕公司治理工具沦为利益相关者的斗争工具；强化公司治理流程由行政型的自上而下到经济型的自下而上的转变，并进一步探索党组织嵌入公司治理的有效途径；强化中小股东和独立董事的独立性，使其在治理实践中积极主动发挥自身作用，而不总是“不得已而为之”；探索成立宏观层面的“金融综合监管委员会”，为混业经营的金融机构特别是互联网金融提供服务便利和监管平台。

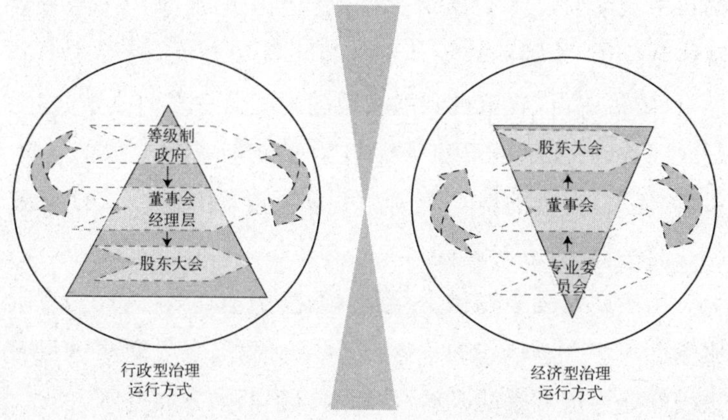

中国公司治理由行政型向经济型演进

二、政府治理由控制型向服务型演进

人类历史主要经历了三个阶段，即农业社会、工业社会和后工业社会。从政府的角度来看，这三个不同阶段中政府治理模式体现着各自的特点，农业社会下的政府治理更多的是高度集权；在工业社会中，随着公民权利意识和法制意识的增强，政府治理开始从集权式的直接管理转变成依靠法律法规以及社会组织形式来开展治理工作。在进入21世纪之后，信息化、知识化以及互联网化的迅速发展，使整个社会中人与人之间关系的建立逐渐依托于伦理关系和社会道德，这就意味着单纯的依靠法律很难有效的实现政府治理功能，而信任和合作机制越来越重要，政府治理只能逐渐从集权式的控制型模式向依托社会组织和社会道德的服务型模式转变。

具体到我们国家，控制型的治理实践中，“治理权”多被转换为“管理权”，往往导致“治理倒置”现象，表现为“上层抓管理，下层想治理”，即政府和官员管的过宽过细，利用手中的自由裁量权过多干预企业和社会组织的运作。伴随着经济体制改革，我国的政治体制改革也逐步开展，经过人事制度、行政机构、行政审批制度和司法制度等一系列改革，建立行政问责制、公示制度和听证制度等制度，贯彻落实权力清单、责任清单、负面清单等清单管理制度，正在向“实现有效的政府治理”的方向迈进。

当然，“建设职能科学、结构优化、廉洁高效、人民满意的服务型政府”，意味着政府治理由控制型向服务型演进仍有很长的路要走。目前来看，可以在以下两个方面有所突破：

第一，通过市场化和社会化，在一些市场和社会可以充分发挥作用的领域分别引入企业组织和社会组织。例如，政府可以通过税费减免、财政转移支付和购买服务等多种形式，把部分公益性、服务性和社会性的社会管理和公共服务

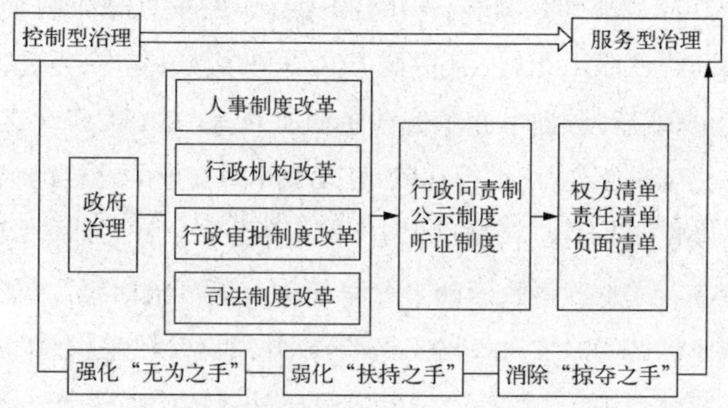

中国政府治理由控制型向服务型演进

职能转给具备一定条件的社会组织,用社会组织的慈善和社会信任品牌,处理一些社会敏感问题,这有助于实现政府角色向“小政府、大社会”的服务型模式转变。

第二,在治理演进过程中政府要争取公众的支持。政府在行使公共权力时要依托于公众对权力的信赖和支持,互联网的发展实现了信息的迅速传达,每一个公民均成为互联网中的一个节点,在这种背景下,许多社会团体的内聚力和一致性有所减弱,对政府治理职能的尊重出现了差异。因此,政府治理必须聚合所有的利益相关者,在共同行动上采取共识,提高公共服务质量进而实现公众对公共权力的信赖和认可。

三、社会组织治理由行政型向社会型演进

社会组织是社会治理的重要主体,建立和完善社会组织治理是建设现代社会治理体系的重要组成部分。

计划经济时代,在政府直控型社会管理体制下,政府扮演着管制者角色,行政权力和行政行为位于社会管理的中

心。其社会基础是“政府—单位—个人”的垂直型权力结构，社会问题逐级上报，信息传播方式以单线为主。社会组织的职能分别被行政性事业单位和企业所兼有，突出表现为“社区单位化”“企业办社会”等症状，并无真正意义上的社会组织。

在向市场经济转型过程中，随着企业剥离社会职能的“社企分离”、大量依附政府的事业单位的改革，公益类、行业协会和城乡社区等社会组织也逐渐形成并发展。但是，近年出现的这些社会组织，大多数仍由政府拨款或由政府进行人事任免，天生有着“二政府”的行政型治理特征。由于缺乏独立性，自主治理能力缺失，降低了社会多元主体通过自发性社会组织参与社会治理的积极性，使其难以承担社会治理的职能。

随着网络信息时代的到来，人们的生活方式和工作方式发生改变，社会结构呈现组织“碎片化”，个人“原子化”、“自组织化”，社会组织创新的基因发生改变。网络虚拟社区的快速增长，使得社区成员的情绪、利益诉求通过论坛、微博和微信等网络平台被集中、传播和放大。面对日益复杂多样的社会问题，政府无力全部承揽，处于目前状态的社会组织也难以有效应对，社会组织治理改革仍然任重道远，需要坚定向社会型治理演进的方向。

社会组织治理继续向社会型演进，需要在以下方面加以完善。一是要积极培育新的社会组织。要在深化公司治理改革从行政型到经济型、政府治理改革从控制型到服务型的基础上，从“政府办单位”、“企业办社会”的职能中剥离出社会组织的治理职能，为培育社会组织、激发社会组织活力创造良好的环境。二是要改革现有的社会组织。从目前来看，社会组织要加快建立并完善社会型治理结构与机制，建立起以理事会为核心，包括出资人/捐赠人、志愿者、监事、独立理事和管理层等主体的治理结构，并完善协调机制、决策机制、信息披露机制以及相互监督机制。三是要加强社会组织对公共事务的参与。需要强化网络化、信息化的社会型治理手段，倡导网络化的参与方式，以更好实现提高多元主体参与社会治理的积极性和降低治理成本的目标，并利用以大数据为基础的精准治理手段，来防范治理主体分散可能引致的社会治理风险。

拓展阅读

公立医院的治理演进

在传统的中央集权的计划经济制度下，我国公立医院的治理模式属于典型的行政型治理模式，在治理主体上，政府所有者缺位，产权关系不清，所有权、决策权和经营权边界不清。在治理结构上，院长负责制，无法形成有效、合理的制衡结构。在治理机制上，约束、激励和监督机制缺失，没有科学的决策机制；内部人控制严重；垄断地位导致外部治理机制失效。这种治理模式的直接后果是造成医院内在的效率不高，使得医院失去应有的活力，并产生了高昂的治理成本。

国家相关部门陆续发布了一系列的政策规定，要求公立医院建立起规范的法人治理结构，如 2009 年 3 月 17 日《关于深化医药卫生体制改革的意见》要求，探索政事分开、管办分开的有效形式，完善医院法人治理结构；2010 年 2 月 11 日，《关于公立医院改革试点的指导意见》要求改革公立医院法人治理机制，探索建立法人治理结构；2013 年 11 月 12 日

《中共中央关于全面深化改革若干重大问题的决定》要求“逐步取消学校、科研院所、医院等单位的行政级别”。

浙江大学医学院附属邵逸夫医院参照国外的治理经验，探索出了中国特色的公立医院社会型治理模式。

邵逸夫医院是根据浙江省政府、香港邵氏基金会和美国罗马琳达大学共同出资成立，浙江省政府赋予医院在遵守中国政策法令，服从卫生部门的领导管理的前提下享有高度自主权。浙江省政府同意邵逸夫医院在工资制度、财务制度、人事制度和收费标准等医院有关制度方面，在遵守中华人民共和国有关法律、法令并参照浙江省医院管理标准基础上享有高度自主权。

邵逸夫医院在中国大陆公立医院中较早建立了董事会制度。医院董事会由美国罗马琳达大学医学中心、浙江大学医学院和香港邵氏基金会各出 2—3 名代表组成。董事会每季度召开一次会议。董事会主要对涉及医院性质、合约执行、发展方向、重大建设和发展项目等的有关重大事宜做出决策。由于公益法人的性质，董事会追求的是公益目标，对问题的决策不存在按股投票和按人投票制度，而是进行沟通，达成共识，协商解决问题。逻辑上董事会向政府负责，院务会向董事会负责。

成立以医院院长为首的院务会，主要讨论和决定：内部机构的变更和设立；各部门负责人的任免、人事调动和员工辞退；重大事故的报告、分析和处理；年度财务预算和决算、重大经费开支；每月财务分析及超预算调整；医院规划、全院性工作计划；全院性重大活动安排及回顾性评价等。

院务会下还设立了一些专门的分支委员会，如奖惩委员会、设备采购委员会和医疗执行委员会等。在流程上自下而上，经各分支委员会讨论通过后，最后呈院务会，又经院务会决策后，付诸实施。

四、国家治理由单个组织治理向协同治理演进

从公司治理到国家治理的演进来看，我们在改革开放初期，将更多的精力放在了经济领域，在政府领域和社会领域着力不够，导致政府治理、社会治理的改革要严重滞后于经济的快速发展。

经过三十余年的改革历程，我国公司治理改革取得了重大进展，已经进入到从行政型治理向经济型治理演进的相持阶段。仔细审视公司治理改革的诸多攻坚难点，不仅仅是公司治理的自治问题，还多受制于政府治理和社会治理改革的滞后。

有些公司内部治理机制不健全的问题，作为公司治理的自治问题，相应的解决之道就该是借助市场和企业的力量，“让市场在资源配置中起决定性作用”并完善公司治理机制，而非将政府的“扶持之手”强伸过来，用行政型治理手段加以解决。另有一些公司治理问题，作为公司治理与政府治理的协同治理问题，合理的解决方法是强化政府的服务和监管职能，政府就应该对企业行为适当地进行规范和引导，而不是“不管不问”。

社会组织发育不健全的问题，作为同政府治理、公司治理的协同治理问题，应该是从政府职能、企业职能中剥离出

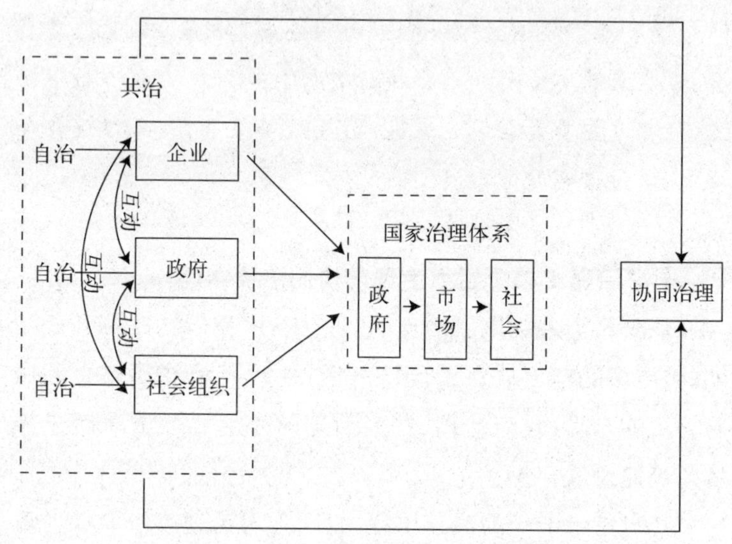

国家治理由单个组织治理向协同治理演进

社会组织治理的职能，积极培育社会组织，而非归咎于“社会失灵”。而诸如红十字会等社会组织被诟病的问题，本该是社会组织治理的自治问题，相应的解决之道就该是优化社会组织的治理结构和治理机制，而非是让政府和市场的力量强加进来，出现“政府办单位”和“企业办社会”等现象的“死灰复燃”。

因而，中国国家治理的演进，不能仅就单个组织（企业、政府或社会组织）的治理改革谈治理改革，还需要推进各领域、各组织治理的互动，以实现整个国家治理体系的协同。

目前来看，深化国家治理改革由单个组织治理向协同治理演进，要做好公司治理、政府治理和社会组织治理的自治以及合作与共治，充分发挥国家政权机关、政协组织、党派团体、企业组织、社会组织以及广大人民群众等多元利益主体参与国家治理的积极性,并明确其权责和义务,从而实现国家治理能力的现代化。

第四节　绿色治理:中国治理发展的新趋势

党的十八届五中全会首次把“绿色”纳入“十三五”规划五大发展理念之一,标志着生态文明建设被提高到了前所未有的新高度,表明绿色治理将引导中国未来的可持续发展。那么,绿色治理提出的背景是什么,什么是绿色治理,我们又该如何践行绿色治理?

一、为什么要提绿色治理

人类自诞生以来,一直致力于思考和处理两种关系:一种是人与人之间的关系;一种是人与自然之间的关系。在对后者的思考中先后经历了“人是自然的奴隶”——“人是自然的主人”——“人是自然的毁灭者”等三个阶段。

原始文明时期,人类在依附自然中获得生存与发展,人类对自然充满了敬畏和恐惧,人是自然的奴隶;农耕文明时期,人类在顺从自然中获得了物质和收益,人是自然的主人。工业文明时期,人类在征服自然中获得了一定满足,过度攫取自然资源,对生态环境造成破坏,最终可能演变为自然环境的毁灭者。

近几十年来,环境问题愈发严重,促使人们重新思考和认识人类在自然界中的地位,以及人类和自然之间的关系。2015 年 12 月《巴黎协定》的签署,标志着人类已经逐渐认识到我们有可能成为自然的毁灭者,必须在面对一个地球的宇宙观下，形成新的“天人合一”的绿色治理观，以实现人和自然的包容性发展。

我国在经济社会发展过程中，对工业化过分倚重所形成的经济增长模式以及“先污染、后治理”的资源环境治理模式，已经造成我们在资源、环境和生态等方面的问题日趋凸显。十八届五中全会首次把“绿色”作为“十三五”规划五大发展理念之一，标志着我国未来的可持续发展也将通过绿色治理理念来引领。

治理案例

卖空气千万不可成为“朝阳产业”

近年雾霾肆虐，加拿大两名华裔青年瞅准商机，合伙创立 VALIDITY AIR 公司，专门到中国销售罐装加拿大落基山脉班夫新鲜空气。每瓶空气 7.7 升，只够呼吸 150 次，售价达人民币 129 元，自 2015 年开售以来，平均月销量三百瓶以上，至今已售出 4000 罐空气，新订单还在不断涌来。

清新空气为人们生存所不可或缺，也是大自然对全人类的慷慨馈赠，它属人人共享的公共财富，每个人都可以自由的享受，是故自古就有“清风明月不用买”之说。苏轼在《前赤壁赋》中，写他与泛舟同游的客人讲到“天地之间，物各有主”之后，着重指出“惟江上之清风，与山间之明月，耳得之而

为声，目遇之而成色，取之无禁，用之不竭，是造物者之无尽藏也，而吾与子之所共适”。“清风”就是流动的清新空气，是大自然无穷无尽的宝藏，是人们可以“共适”即共同享用的东西。可是，如今的现实，却使前贤苏轼的论断受到严峻的挑战。

是苏轼说错了吗？非也，是工业化以来社会发展出现了偏差，在对自然的开发和索取中，“过分陶醉于我们对自然界的胜利”，造成了对自然的严重伤害和破坏。环境恶化，雾霾肆虐，使本来“取之无禁，用之不竭”清新空气成为稀罕之物，使人们对其已无法自由共享。“物以稀为贵”，一些讲生意经的人从中看到了商机，早在几年前，我国就有陈光标等人提出要做卖空气生意，加拿大现在的这家公司并非前无来者，更是后有来人，如今就有人称卖空气是“新的经济增长点”，主张要把它作为“朝阳产业”来抓。

——据《卖空气千万不可成为“朝阳产业”》，2016 年 1 月 4 日东方网

近年来因空气恶化出现的卖空气的行为，正是对我国生态环境恶化的真实写照。由于在经济社会发展过程中长期忽视“自然”这一不会“说话”的主体，导致我们很多资源的环境承载性已经接近极限，经济进一步发展的内在动力不足，亟需通过绿色治理来实现发展方式的转变和“新动能”的培育。

二、什么是绿色治理

1. 绿色治理的内涵

人类社会所面临的一个基本事实是，每一个人都是有欲望的，而资源是相对稀缺的，正如古人所述“天育物有时，地生财有

限,而人之欲无极”。因而人类要求得长远的生存与发展,首要问题是解决人类的欲望无限和资源稀缺之间的矛盾关系。

传统经济学在考察这对矛盾时,多是从人类需求的角度进行单边考虑,比如试图通过控制人的欲望(借助各种宗教),使欲望与资源相对接近;试图通过优化资源配置,使资源稀缺的问题得到缓解。然而,自然环境和人类作为平等的“行为”主体,共同构成了整个发展系统。这就要求跳出以人类为中心的传统思维,充分考虑自然环境的主体作用,实现由人类需求的单边考虑向将自然环境纳为平等主体的双边兼顾转型。

生态环境和自然资源作为特殊的公共产品,决定了以生态文明建设为导向的绿色治理,在本质上是一种由治理主体参与、治理手段实施和治理机制协同的“公共事务性活动”。而生态破坏与环境污染的跨国界性以及经济、政治和社会活动的全球化,意味着这一“公共事务性活动”具有全球性特征。总结起来,绿色治理在内涵上具有以下三个特征:

第一,强调充分考虑生态环境的可承载性。通过创新模式、方法和技术等在生态环境承载能力范围内促进社会经济的可持续发展。

第二,强调绿色的效果指向。“绿色”是生命的象征,是大自然的基色,绿色治理强调绿色是一切经济活动、政治活动和社会活动的生态约束和评价标准。

第三,突出制度性。通过制度层面的顶层设计,对包括人类和自然的整个系统中的资源予以改造和重置,将“绿色”融入到国家的政治、经济、社会和生态等系统的各个方面和运行过程之中。

2. 绿色治理的主体和结构

作为一种公共事务性活动，绿色治理需要秉承“多元化治理”的秩序观，识别治理系统中各主体的关联性，从整体角度综合考虑各方的利益、诉求和责任，构建基于治理权分享的治理结构。政府、企业、社会组织和社会公众共同构成了绿色治理的重要主体，各主体通过平等、自愿、协调和合作的关系，共同推动绿色治理目标的实现。

政府作为顶层设计者和政策制定者，需要为其他主体参与绿色治理提供制度与平台；企业作为关键行动者，需要建立绿色治理架构，进行绿色管理，培育绿色文化，并在考核与监督、信息披露、风险控制等方面践行绿色治理理念；社会组织作为独立的第三方，在加强自身规范化、专业化运营，完善治理机制的同时，需要积极发挥自身的专业优势，在绿色治理过程中发挥监督、评价、协调、教育、培训以及引导等作用；社会公众作为广泛的参与者，需要积极参与社会组织和政府发起的绿色治理活动，在日常生活中践行绿色治理理念，主动倡导绿色治理行为，并监督和抵制有损环境的不文明行为。

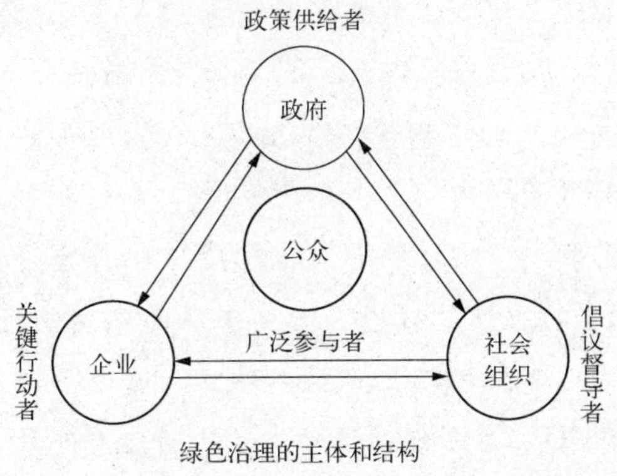

绿色治理的主体和结构

三、如何践行绿色治理

目前，虽然一些国际性组织也提出了资源和环境保护方面的许多倡议或宣言，为区域内的绿色发展提供了一定的方向，但就如何规范各利益相关者的行为以及在具体实践环节如何操作等内容尚不清晰。所以，践行绿色治理还需要在治理理念、治理模式以及治理路径方面做出相应的变革和革新。

1. 治理理念变革

当前，绿色发展理念已逐渐为世界所普遍认同，从企业的绿色管理、绿色金融、绿色供应链，政府的绿色行政，到社会公众的绿色消费等，各主体均逐步开始实践。但这些主体在处理生态环境问题时皆是从各自的角度，采取相关措施为解决环境问题做出了一定努力，存在一种“各方关注、各自为战”的困境，总体收效欠佳。

拓展阅读

绿色谱系

绿色管理——将环境保护的观念融于企业的经营管理之中，涉及企业管理的各个层次、领域、方面和过程，要求在企业管理中时时处处考虑环保、体现绿色，例如在企业运营管理中特别强调研究、削减、再开发、循环和保护等五原则。

绿色金融——指金融部门把环境保护作为一项基本政策，在投融资的决策过程中要考虑潜在的环境影响，把与环境条件相关的潜在的回报、风险和成本都要融合进金融企业的日常业务中，在金融经营活动中注重对生态环境的保护及环境污染的治理，通过对社会经济资源的引导，促进社会的可持续发展，这包含两层含义，一是金融业如何促进环保和经济社会的可持续发展，另一个是金融业如何实现自身的可持续发展。

绿色供应链——是一种在整个供应链中综合考虑环境影响和资源效率的现代管理模式，它以绿色制造理论和供应链管理技术为基础，涉及供应商、生产厂、销售商和用户，其目的是使得产品从物料获取、加工、包装、仓储、运输、使用到报废处理的整个过程中，对环境的影响（负作用）最小，资源效率最高。

绿色行政——强调政府在处理生态环境问题时自身必须做到节约成本、控制消费和提高效率等，是一个以政府为中心并通过社会相互协作来治理生态环境问题的参与式、战略化的环境管理方式，虽然已经开始注重非政府主体（如企业、社会组织、媒体、公众和专家学者等）的参与，但仍以政府为主导。

绿色消费——是指消费者对绿色产品的需求、购买和消费活动，是一种具有生态意识的、高层次的理性消费行为；是从满足生态需要出发，以节约资源和保护环境为特征的消费行为。主要表现为消费者崇尚勤俭节约，减少损失浪费，选择高效、环保的产品和服务，降低消费过程中的资源消耗和污染排放。

因此，在处理生态环境问题时，有必要进行治理理念的变革，由单一主体的管理理念升级为多元主体的绿色治理理念，建立由政府顶层推动、企业利益驱动、社会组织和社会公众参与联动的民主化协同治理机制。此外，环境污染的跨国界性，使得绿色治理成为全球性的“公共事务活动”，践行绿色治理不能仅局限于一国之疆域，而应秉持一种跨越国界的治理理念。

治理案例

加强绿色治理推进“一带一路”建设

“一带一路”倡议是中国推动与沿线国家对接发展战略、实现优势互补的重要战略构想，已经成为中国积极参与国际合作与全球治理、主动承担大国责任的崭新名片。

进入 21 世纪后，随着 G20 在全球治理中发挥的作用越来越重要，全球治理逐渐从“西方治理”转变到“东西方共同治理”。绿色治理作为全球治理的重要组成部分，于悄然之中其轨迹也逐渐东移。

中国正成为全球绿色治理进程中举足轻重的一个角色，生态文明建设举世瞩目。中国在减缓与适应气候变化方面的努力和成就有目共睹，为全球绿色治理作出了积极贡献。值中国“一带一路”倡议提出之际，在实现中国的产业链向外更广、更深延伸的同时，我们还要注重如何更加“绿色”地“走出去”，因为这不仅关乎中国的国际形象，更与沿线国家的人民福祉休戚相关，是全球可持续发展的重要内容。

与本报记者连线的中国社会科学院亚太与全球战略研究院助理研究员周亚敏表示，鉴于中国企业在以往的海外投资中，忽视东道国环境保护法律或民意所带来的负面影响，不仅给当事企业带来了直接经济损失，而且还损害了国家形象。无论确实是由于环境保护责任缺失，还是出于其他原因,以环境保护之名叫停中国海外投资项目,都表明环境保护问题已经不容忽视。以绿色区域治理理念指导"一带一路"建设,用东方"天人合一"的智慧为全球可持续发展作出贡献,是中国参与全球绿色治理的重要内容。绿色区域治理的对象不仅仅局限于"一带一路"沿线区域内的生态环境问题,与生态环境问题有关的社会问题和经济问题,都是绿色治理的对象。"一带一路"建设过程中会面临迥异的生态环境法律和制度,在摸清楚对象国环境诉求的基础上,要借鉴国际跨域环境治理的成功经验,为企业顺利参与"一带一路"建设、避开环境保护地雷制定有效的约束机制。

"作为一种新型的区域经济合作安排,'一带一路'合作倡议覆盖近60个国家,其本身的实施已面临前所未有的挑战,而建设绿色丝绸之路更是高层次的要求。"周亚敏表示,但是要求更高并不意味着建设绿色丝绸之路可以放慢脚步,也不意味着可以先以粗放方式建设丝绸之路,然后再将其绿色化。西方"先污染、后治理"的方式已被证明不符合发展中国家的可持续发展道路。更准确地说,中国模式的绿色区域治理,就是要实现向"边发展、边治理"的范式转型。"边发展、边治理"模式不仅要关注污染物增量,还要关注历史遗留下来的污染物存量;要实现环境保护与经济发展相协调,克服牺牲环境来保障经济发展的旧常态;要重视生态文明理念的全面传播,而不是仅仅依靠除污设备等实现环境保护;要强调各行为主体在绿色治理中的平等协同,避免缺位、越位问题的出现。

——据《加强绿色治理,推进"一带一路"建设》,2017年1月21日《金融时报》

当前我国的“一带一路”战略涵盖亚非欧广阔的国家和地区，正是践行绿色治理全球观的重要契机。践行绿色治理全球观的中国企业，应突破国别界限，实现绿色治理价值观的共享，将其打造成一条真真正正的“绿色之路”，推动公平性、生态型和可持续的全球经济发展。

2. 治理模式变革

在绿色治理中，“政府主导”的传统模式依然占据主要地位。政府虽与其他治理主体有所互动，但行政手段仍占主导，行政型治理特点明显。截至 2015 年底，各级环境保护部门共下达行政处罚决定 9.7 万份，罚款 42.5 亿元，比 2014 年增长了 34%；2015 年，全国共检查企业 177 万家，查处各类违法企业 19.1 万家，责令关停取缔 2 万家、停产 3.4 万家，限期改正 8.9 万家。

政府主导的行政型治理模式在短期内可能见效，但由于忽视了其他参与主体的权责配置和利益分配，在长期内收效甚微。这就要求绿色治理模式由单一的行政型治理向经济型治理和社会型治理转型。一方面，减少政府行政干预的影响，调动企业等治理主体的主动性和积极性，形成基于利益驱动和社会责任驱动的参与模式；另一方面，社会组织去行政化，积极发挥其桥梁作用，促进信息的沟通，推动各主体之间的合作。

3. 治理路径变革

目前绿色治理中的很多环保技术已经十分先进，但由于利益冲突和管理问题，难以得到广泛应用。因而倡导和践行绿色治理还需要适应技术发展的需要，通过治理路径变革实现治理和技术的协同发展与协同匹配。

网络的出现，对绿色治理最大的好处就是降低了治理成本，提高了绿色技术转让和应用的可能性。绿色治理一个可行的路径是构建网络化协作平台，辅以基于政府补贴激励、市场价格形成、社会反馈奖励等的技术转让和管理配套升级激励机制，促进技术在网络节点间广泛自由流动，形成互信与共赢的合作氛围，最终实现绿色治理的目标。

主要参考文献

[1] Coase, R. The Nature of the Firm. Economica, 1937, 4(16): 386－405.

[2] 陈春常.《转型中的中国国家治理研究》.上海:上海三联书店,2014.

[3] 柴中达.《基于公司治理的政府治理研究》.天津:南开大学博士学位论文,2005.

[4] 程昔武、朱小平.非营利组织治理结构:特征分析与框架构建.《审计与经济研究》,2008,23(3):87－91.

[5] 胡建锋.基于利益相关者理论的我国非营利组织治理机制的构建.《湖北社会科学》,2012(4):39－42.

[6] 李昌庚.《社会转型与制度变迁》.北京:中国政法大学出版社,2014.

[7] 李维安.《公司治理》.天津:南开大学出版社,2001.

[8] 李维安.从 SARS 看社会资本缺失与社会组织治理.《南开管理评论》,2003(3):1.

[9] 李维安.《非营利组织管理学》.北京:高等教育出版社,2005.

[10] 李维安.《公司治理学》(第二版).北京:高等教育出版社,2009.

[11] 李维安.演进中的中国公司治理:从行政型治理到经济型治理.《南开管理评论》,2009(1):1.

[12] 李维安.阳光下公司治理的较量.《南开管理评论》,2010(5):1.

[13] 李维安.应对治理落差,提高集团企业跨国治理水平.《南开管理评论》,2011(1):1.

[14] 李维安.欲不搞空洞治理 须端正治理理念.《南开管理评论》,2012(2):1.

[15] 李维安.非营利组织发展:治理改革是关键.《南开管理评论》,2012(4):1.

[16] 李维安.监督模式改革与治理的有效性.《南开管理评论》,2013(1):1.

[17] 李维安.政府与市场关系改革的突破口:完善官员治理.《南开管理评论》,2013(2):1.

[18] 李维安.民营企业传承与治理机制构建.《南开管理评论》,2013(3):1.

[19] 李维安.依靠治理创新 释放制度红利.《南开管理评论》,2013(6):1.

[20] 李维安.推进全面深化改革的关键:树立现代治理理念.《光明日报》理论版,2013-11-29.

[21] 李维安.现代治理突围传统管理:避免陷入误区.《南开管理评论》,2014(1):1.

[22] 李维安.阿里上市与网络治理模式创新.《南开管理评论》,2014(2):1.

[23] 李维安.移动互联网时代的公司治理变革.《南开

管理评论》,2014(4):1.

[24] 李维安.分类治理:国企深化改革之基础.《南开管理评论》,2014(5):1.

[25] 李维安.自组织时代的真正到来.《南开管理评论》,2015(1):1.

[26] 李维安.社会组织治理转型:从行政型到社会型.《南开管理评论》,2015(2):1.

[27] 李维安.破解企业基金会发展难题:重在治理转型.《南开管理评论》,2015(5):1.

[28] 李维安.负面清单制度:规则、合规与问责.《南开管理评论》,2015(6):1.

[29] 李维安.公司外部治理:从"演习"到"实战".《南开管理评论》,2016(2):1.

[30] 李维安.独立性:治理有效性的基础.《南开管理评论》,2016(3):1.

[31] 李维安.深化公司治理改革的关键:配套治理改革.《南开管理评论》,2016(4):1.

[32] 李维安.绿色治理超越国别的治理观.《南开管理评论》,2016(6):1.

[33] 李维安、林润辉、范建红.网络治理研究前沿与述评,《南开管理评论》,2014(5):42-53.

[34] 李维安、钱先航.地方官员治理与城市商业银行的信贷投放,《经济学季刊》,2012(4):1239-1260.

[35] 李维安、徐建.国家治理体系与分类治理.《中国高校科技》,2015(Z1):16-18.

[36] 李维安、徐建. 自组织时代 公司治理新思考.《北大商业评论》,2015(3):80-87.

[37] 李维安、徐建、姜广省. 绿色治理准则:实现人与自然的包容性发展.《南开管理评论》,2017(5):23-28.

[38] 刘宏鹏. 非营利组织理事会角色与责任研究——基于中美比较分析的视角.《南开管理评论》,2006,9(1):103-112.

[39] 钱先航、曹廷求、曹春方. 既患贫又患不安:编制与公共部门的收入分配研究.《经济研究》,2015(7):57-71.

[40] 王刚.《从治理走向秩序——经济转型中的市场治理研究》. 北京:经济管理出版社,2010.

[41] 王诗宗,宋程成. 独立抑或自主:中国社会组织特征问题重思.《中国社会科学》,2013(5):50-66.

[42] 王贤彬、徐现祥. 地方官员来源、去向、任期与经济增长——来自中国省长省委书记的证据,《管理世界》,2008(3):16-26.

[43] 徐现祥、王贤彬、舒元. 地方官员与经济增长——来自中国省长、省委书记交流的证据,《经济研究》,2007(9):18-31.

[44] 薛澜,李宇环. 走向国家治理现代化的政府职能转变:系统思维与改革取向.《政治学研究》,2014(5):61-70.

[45] 薛澜,张帆,武沐瑶. 国家治理体系与治理能力研究:回顾与前瞻.《公共管理学报》,2015(3):1-12.

[46] 燕继荣.《社会资本与国家治理》. 北京:北京大学出版社,2015.

[47] 俞可平.《论国家治理现代化》. 北京:社会科学文献出版社,2015.

[48] 张康之. 论主体多元化条件下的社会治理.《中国人民大学学报》,2014(2):2-13.

[49] 张康之. 合作治理是社会治理变革的归宿.《社会科学研究》,2012(3):35-42.

[50] 周振鹤.《中国历代行政区划的变迁》. 北京:中国国际广播出版社,2010.

教育部哲学社会科学研究普及读物书目

（有 * 者为已出书目）

2012 年度

《马克思主义大众化解析》 陈占安

*《马克思告诉了我们什么》 陈锡喜

《党的建设科学化》 丁俊萍

*《〈实践论〉浅释》 陶德麟

《大学生理论热点面对面》 韩振峰

*《大学生诚信读本》 黄蓉生

《改变世界的哲学——历史唯物主义新释》 王南湜

《哲学与人生——哲学就在你身边》 杨耕

*《人的精神家园》 孙正聿

*《社会主义现代化读本》 洪银兴

《中国特色社会主义简明读本》 秦宣

《中国工业化历程简明读本》 温铁军

《中国经济还能再来 30 年快速增长吗》 黄泰岩

《如何读懂中国经济指标》 殷德生

*《经济低碳化》 厉以宁 傅帅雄 尹俊

《图解中国市场》 马龙龙

*《文化产业精要读本》 蔡尚伟 车南林

*《税收那些事儿》 谷成

*《汇率原理与人民币汇率读本》 姜波克

*《辉煌的中华法制文明》 张晋藩 陈煜

*《读懂刑事诉讼法》 陈光中

*《数说经济与社会》 袁卫 刘超

*《品味社会学》 郑杭生 等

*《法律经济学趣谈》 史晋川

《知识产权通识读本》 吴汉东

《文化中国》 杨海文

*《中国优秀礼仪文化》 李荣建

*《中国管理智慧》 苏勇 刘会齐
*《社交网络时代的舆情管理》 喻国明 李彪
*《中国外交十难题》 王逸舟
*《中华优秀传统文化的核心理念》 张岂之
*《敦煌文化》 项楚 戴莹莹
*《秘境探古——西藏文物考古新发现之旅》 霍巍
《民族精神——文化的基因和民族的灵魂》 欧阳康
*《共和国文学的经典记忆》 张文东
*《中国传统政治文化讲录》 徐大同
*《诗意人生》 莫砺锋
*《汉字史画》 谢思全
*《"四大奇书"话题》 陈洪
*《生活中的生态文明》 张劲松
《什么是科学》 吴国盛
*《中国强——我们必须做的100件小事》 王会
*《我们的家园:环境美学谈》 陈望衡
《快乐阅读》 沈德立
*《让学习伴随终身》 郝克明
《与青少年谈幸福成长》 韩震
*《教育与人生》 顾明远
*《师魂——教师大计师德为本》 林崇德
《现代终身教育理论与中国教育发展》 潘懋元
*《 我们离教育强国有多远》 袁振国
《通俗教育经济学》 范先佐
《任重道远:中国高等教育发展之路》 李元元

2013年度

*《法律解释学读本》 王利明 王叶刚
*《中国特色社会主义经济学读本》 顾海良
*《走向社会主义市场经济》 逄锦聚 何自力
*《中国特色政治发展道路》 梅荣政 孙金华
*《发展经济学通俗读本》 谭崇台 王爱君
*《"中国腾飞"探源》 洪远朋 等
*《社会主义核心价值观的"内省"与"外化"》 黄进

《什么是马克思主义，怎样对待马克思主义——马克思主义观纵横谈》 高奇
《中国特色社会主义“五位一体”总布局研究》 郭建宁
*《国际社会保障全景图》 丛树海 郑春荣
《社会保障理论与政策解析》 郑功成
《从封建到现代——五百年西方政治形态变迁》 钱乘旦
《GDP的科学性和实际价值在哪里》 赵彦云
《社会学通识教育读本》 李强
《传情和达意——语言怎样表达意义》 沈阳
《生活质量研究读本》 周长城
*《做幸福进取者》 黄希庭 尹天子
*《外国文学经典中的人生智慧》 刘建军
《什么样的教育能让人民满意》 石中英
《正说科举》 刘海峰

2014年度

《“中国梦”的民族特点和世界意义》 孙利天
《“中国梦”与软实力》 骆郁廷
《走进世纪伟人毛泽东的哲学王国》 周向军
《社会主义核心价值观与我们的生活》 吴向东
*《中国反腐败新观察》 赵秉志 彭新林
《中国居民消费——阐释、现实、展望》 王裕国
*《从公司治理到国家治理》 李维安 徐建 等
《“阿拉伯革命”的热点追踪》 朱威烈
*《中国制造全球布局》 刘元春 李楠 张咪
*《小康之后》 黄卫平 丁凯 等
《中国人口老龄化与老龄问题》 杜鹏
*《中国区域经济新版图》 周立群 等
《钓鱼岛归属真相——谎言揭秘(以证据链的图为主)》 刘江永
《走入诚信社会》 阎孟伟
*《美国霸权版“中国威胁”谰言的前世与今生》 陈安
《如何认识藏族及其文化》 石硕
*《中国故事的文化软实力》 王一川 等
《文化遗产的古与今》 高策
*《课堂革命》 钟启泉
《大学的常识》 邬大光
《识字与写字》 王宁

*《舌尖上的安心》 乔洁 等

2015 年度

《我们为什么需要历史唯物主义》 郝立新

*《全面建成小康社会中的农民问题》 吴敏先 等

《法治政府建设的基本原理与中国实践》 朱新力

《走向全面小康的民生幸福路》 韩喜平

《我们时代的精神生活》 庞立生

《为什么南海诸岛礁确实是我们的国土?》 傅崐成

《生活在“网络社会”》 陈昌凤

《中国古代发达的农业和农业文明》 贺耀敏

《你不能不知道的刑法知识》 王世洲

*《中美关系:故事和启示》 倪世雄

《如何提高创新创业能力》 赖德胜

《身边的数据会说话》 丁迈

《中国与联合国》 张贵洪

《中国特色的佛教文化》 洪修平

《敦煌与丝绸之路文明》 郑炳林

《艺术与数学》 蔡天新

《走近档案》 冯惠玲

《中华传统文明礼仪读本》 王小锡

《重建中国当代伦理文明与家教门风》 于丹

*《文化兴国的欧洲经验》 朱孝远

《中国人民伟大的抗日战争》 陈红民

*《心理学纵横谈》 彭聃龄 丁国盛

《教育振兴从校园体育开始》 王健

*《核心素养及其培育》 靳玉乐 张铭凯 郑鑫